汪荃 袁静 吴蔚◎主编

幼儿园美术欣赏
教学案例

（小班）

知识产权出版社
全国百佳图书出版单位

图书在版编目（CIP）数据

幼儿园美术欣赏教学案例. 小班 / 汪荃，袁静，吴蔚主编. —北京：知识产权出版社，2016.1
ISBN 978-7-5130-3894-2

Ⅰ. ①幼… Ⅱ. ①汪… ②袁… ③吴… Ⅲ. ①美术课—教案（教育）—学前教育 Ⅳ. ① G613.6

中国版本图书馆 CIP 数据核字 (2015) 第 270395 号

责任编辑：汤腊冬　　　　**责任校对**：孙婷婷
执行编辑：申立超　　　　**责任出版**：刘译文

幼儿园美术欣赏教学案例（小班）

汪荃　袁静　吴蔚　主编

出版发行：知识产权出版社有限责任公司	网　　址：http://www.ipph.cn
社　　址：北京市海淀区马甸南村1号（邮编：100088）	天猫旗舰店：http://zscqcbs.tmall.com
责编电话：010-82000860转8108	责编邮箱：tangladong@cnipr.com
发行电话：010-82000893转8101/8102	发行传真：010-82000893/82005070/82000270
印　　刷：三河市国英印务有限公司	经　　销：各大网上书店、新华书店及相关专业书店
开　　本：720mm×1000mm　1/16	印　　张：14.25
版　　次：2016年1月第1版	印　　次：2016年1月第1次印刷
字　　数：238千字	定　　价：49.00元

ISBN 978-7-5130-3894-2

出版权专有　侵权必究
如有印装质量问题，本社负责调换。

编写组名单

编写委员会名单

主　　　任：梁雅珠　苏　婧
副 主 任：任晓燕　吕艳静　余　丽　王宇凡
编委会成员：周深梅　王　岩　马玉华　陆　薇　王燕华　孔震英　申玉荣
　　　　　　苏　健　田逶巍　郭兰英　于渊莘　杨宝玲
主　　　编：汪　荃　袁　静　吴　蔚

编写成员名单

作者名单

曹丽敏	曹　东	陈　捷	程邵丽	董　雪	邓　雪	郭兰英	关久月	金韩寒
贾　婷	贾　华	吕艳静	李惠萍	李蒙蒙	李　文	李　敏	李　曼	吕卫超
刘亚萍	刘　捷	刘金娥	刘　欣	雷晓娟	陆　薇	任晓燕	苏　伟	石　艳
汪　荃	王宇凡	王佳佳	王春艳	王　雁	王秀宇	吴　帅	吴　蔚	吴海梅
袁　静	余　丽	曾　莉	曾艳芳	张金红	张　宇	张　彦	郑明慧	赵　爽
周　丽

实验园名单

海淀区北大幼儿园　海淀区 63921 部队幼儿园　海淀区海军示范幼儿园
海淀区明天幼稚集团　大兴区第二幼儿园　丰台区方庄第二幼儿园
丰台区西罗园幼儿园　朝阳区西坝河第一幼儿园　朝阳区青少年活动中心
朝阳区劲松第一幼儿园　东城区光明幼儿园

具体编委成员

上篇　幼儿美术欣赏教育的基本理念

第一章　幼儿美术欣赏教育导论——汪荃、吴蔚

第二章　幼儿美术欣赏作品概述——吴蔚、袁静、汪荃、张迪

第三章　幼儿美术欣赏教育经验分享——周深梅、王宇凡、任晓燕

下篇　小班幼儿美术欣赏教学活动的组织实施

第四章　小班幼儿美术欣赏的年龄特点——吕艳静、汪荃、王元

第五章　小班美术作品欣赏提问预设——集体成员

第六章　小班美术作品欣赏教学案例

　　沙丘——李文

　　夏天的风景、午夜的鸟、人.鸟.星星、亲密交流的人——李曼

　　绘画III，有红、黄、蓝、黑色块的构图，五月——陈婕

　　天空中蓝色的金子——任晓燕

　　追随两颗行星游走的头发——刘金娥

　　小小的希望，元音颂，绘画II，蜗牛、八哥、白菜——李敏

　　数字23——李曼、邓雪

　　女人III、蛙戏图——吴帅

　　花——曹丽敏

　　年轻女孩的肖像——陆薇、张彦

　　游泳的人，葡萄、老鼠——邓雪

　　绘画I——曹东

　　蓝色II——赵爽

　　红色的盘子——贾婷

　　雏鸡——郑明慧

献给孩子们的一份珍贵礼物
（代序）

创造性是儿童与生俱来的一种本能，这种本能的创造力可以通过审美的方式来表达。汪荃老师率领的研究团队经过多年的研究实验，探索出了一整套关于幼儿美术欣赏活动的实用课程，包括幼儿园各年龄班幼儿美术欣赏的内容及教师指导幼儿的活动策略等。极大地丰富了幼儿园美术教育的内容，填补了国内幼教机构在儿童美术欣赏领域的研究空白。

多年来，幼儿园艺术领域中美术方面的教育目标始终放在幼儿对美的感受、体验及表现上，非常重视幼儿的想象力和创造力的培养，在此方面，取得了非常好的效果，这一点毋庸置疑。但就幼儿对美术作品的欣赏一直研究不多，以至于在幼儿园美术教学中非常欠缺这方面的内容，即使有些教师比较重视幼儿对美术作品的欣赏，其教学也是非常随意的、不系统的、不完善的。幼儿园美术欣赏始终没有提炼出系统的理论和方法。

针对这一现状，汪荃老师带领课题组老师，按照幼儿美术欣赏的规律，做了深入的探讨、实验和研究。经过多年的探索，形成了《幼儿园美术欣赏教学案例》，这是一份献给孩子们和美术教师的珍贵礼物。

教育作为一种培养人的专门活动，应当敬畏人的生命，尊重人的本能，维护人的童心。美术欣赏对孩子的熏陶、感染起着不可替代的作用。美术欣赏能释放人的本能，使人超越功利，唤醒人的爱心。对孩子来讲，艺术大师之作，可以净化孩子的心灵，让他们张开想象的翅膀，在教师的引导下用他们清澈的双眼解读艺术之作，丰富他们的情感世界，启迪他们的智慧，提升他们精神生活的质量。

美术欣赏是幼儿园美术教学的重要组成部分。《幼儿园美术欣赏教学案例》

如同一套精美的大餐，为幼儿园美术教育注入了更有价值的养分。期盼着这项研究成果早日走进幼儿园，为幼儿园的美术教育增添新的活力。

衷心祝福孩子们徜徉在优美的艺术作品殿堂之中，尽情地去感受、去享受、去成长，快快乐乐走向幸福的人生！

梁雅珠

2015 年 5 月

前　　言

几年前，我在早教所研究幼儿园活动区玩具材料配备工作时，就发现在市场上很难找到用于幼儿园美术欣赏活动的绘画作品，因此，在当时由我组织出版的《幼儿园活动区玩具材料配备指导手册》里，关于美工区欣赏画的列举就特别贫乏。在实验园老师们的呼吁下，课题组萌生了开发一套幼儿园美术欣赏作品的想法。于是，我们找到一些志同道合的朋友，完成了小、中、大班120幅作品的选择收集并印刷成册，投放到了实验园的美工区。但是，由于长期以来美术欣赏作品在幼儿园配备方面的缺失，如何带领幼儿欣赏这些作品继而成了老师们的又一个问题。开弓没有回头箭，于是，我这个美术专业的门外人，就被推到了研究的前沿召集起对此感兴趣的老师，开始研究起美术欣赏活动在幼儿园活动区的尝试和落实。

开卷有益！当我们叩开美术欣赏的艺术之门后惊喜地发现：从国内到国外，从小学到大学，从专业艺术教育到人才素质的培养，美术欣赏教育的教学理论都是极其丰厚的，并且其观点之鲜明、方法之多样、操作之神奇、感受之美妙，方方面面，娓娓道来，深浅自如，引人入胜！

课题组的成员兴奋了，实验园的园长和老师们也兴奋了，大家把研究的重点放在活动区自然常态（或组织分组教学活动）下，让幼儿接触和欣赏大师级的美术作品，开展尝试与大师进行审美对话。通过一段时间的研究和实践，师幼双方逐渐形成了用审美的眼光欣赏作品的习惯。我们看到，孩子们参与美术活动的兴趣提高了，审美的眼光开阔了，创作的热情激发了，自信的个性也开始建立了！甚至连我这个见到美术作品只知道看看画的是什么的人，也逐渐习惯于分析作品的形式美了，如看看画面的色彩是什么感觉、用的什么构图形式、画中的物体是怎么表达出来的、我是否喜欢这幅作品、喜欢或不喜欢的理由是什么……

但是，由于各种主、客观原因，在收集整理教学案例时，连续3年接受到美术欣赏教育的孩子数量很少，因此，在中、大班幼儿美术欣赏活动的素材中，幼儿的发展性就体现得不够充分。为了更准确地表达出欣赏活动在幼儿园小、中、大班连续进行的应有的效果，整理资料的工作就拖了下来，后续又发展了一些园所和教师，将材料陆续补齐，直到今天才算告一段落，拿出成果与大家分享。

《幼儿园美术欣赏教学案例》是课题组全体教师集体研究的成果，编写顺序分为上、下两篇，其中上篇主要是对美术欣赏理论的必要介绍，包括不同参与人员在各自岗位对此项工作的思考和心得体会；下篇是不同年龄班美术欣赏活动的实践与探索，包括对作品的提问预设和案例总结等。"提问预设"的撰写是为了帮助老师进入美术欣赏之门，了解什么是美术欣赏的目标，怎么通过适宜的角度和层次去落实完成；"教学案例"则是展示给大家一个完整的教学过程，看看实验班的老师是怎样利用"提问预设"这一入门之师来开展教学的。当然，老师们也可以根据自己的教学需要重新定位某一作品的欣赏角度，这在具体的案例中可以见到。例如：蒙德里安的作品《树》，书中的提问预设欣赏角度定位为色彩，但在教学案例中又有教师根据自己的欣赏喜好和教学需要，对作品进行了线条角度的欣赏；作品《向日葵》也提供了色彩和构图两个角度的欣赏案例。为了便于一线老师使用，此部书编辑时特意按小班、中班、大班分成了三册，并由该册书的负责人在汇集教师实践基础上撰写了该年龄班幼儿美术欣赏的特点。建议教师在使用本书时首先对于全局有一个大致的了解，然后再重点参考本年龄段的内容进行实践。

本研究收集了古今中外13位艺术大师的共计120幅作品，3个年龄班各40幅。划分年龄班的依据首先是其中蕴含的发展递进性，例如，将我们自认为形式简单、好观察、好理解、好创作的作品放到了小班，而将内容和形式较为复杂、创作技巧有难度的作品放到了中、大班。进行年龄班划分的做法也是想适合幼儿园课程建设的需要，使欣赏活动有一定的发展规律可循。

幼儿美术欣赏活动同其他领域的活动一样，也需要有明确的教育目标。课题组的成员通过对作品形式美的研究，把这些欣赏作品划分为了色彩、线条、构图、技法和国画五个欣赏角度。我们认为：适宜的美术欣赏活动需要对作品的形式美有一个聚焦，以便教师能够有针对性地制定教育方案并引导幼儿实现某一角度的有效欣赏。

　　幼儿美术欣赏活动的精髓在于教师的提问。教师有目的、有层次、有价值的提问是培养幼儿欣赏能力的首要因素。在作品的"提问预设"部分，按照欣赏角度的划分，我们为教师预设了作品的欣赏目标，准备了3个层次的提问和一系列追问，目的是培养教师对美术要素目标的重视，防止问题提出后就出现发散而没有边际的思维习惯，以保证欣赏活动能够始终围绕着美术的核心目标进行，使师幼双方都能在有效的互动中得到审美能力的发展。

　　美术欣赏活动过程是落实审美目标的载体，它在"活动案例"中被体现为活动的前设和活动的过程两个方面。在活动的前设里，我们为教师提供了欣赏目标、活动的重、难点和创作材料的准备；在活动的过程里，我们使用了3个环节来完成：一是"作品欣赏"环节；二是"作品创作"环节；三是"作品评价"环节。需要特别指出的是，这里的"作品创作"和"作品评价"也是美术欣赏活动不可或缺的组成部分。其中，"作品创作"是通过模仿画家的某一创作方式身临其境地去体会该作品的艺术语汇；而"作品评价"也需要围绕欣赏目标展开，从而检验欣赏教学的效果，使参与幼儿的认识得到进一步提升。在这里，请广大教师千万不要与幼儿日常的美术教学活动和美术创作活动混淆，否则，就容易造成这两部分与前面的作品欣赏环节脱节，使欣赏者对该作品的欣赏只能停留在单纯看的层面，成为死的知识，无法积极运用到自己的美术创作中。正如孔子在《论语》开篇中就指出"学而时习之不亦说乎"，明确表示"学习"是由"学"和"习"构成的。"学"只是接受知识，而理解知识进而能够使用知识靠的是"习"，只有"学"与"习"充分结合才能获得真正的知识，继而产生学以致用的快乐。这一原则在我们的教师培训和幼儿美术欣赏活动中均能得到很好的印证。那些能听从培训者引导，能按照作品的艺术语汇进行欣赏的教师，培训前后的创作水平差距显著；而不听从指导的教师或幼儿，前后作品没有明显区别，说明学而不习是没有用的。还有，本丛书的出版是为广大一线教师服务的，其难易程度一般教师均可以接受，而不需要特别的美术训练。我们希望做"返璞归真"的教育，要的就是调动教师自己的真实感觉，作品的提问预设部分，问题都是开放的，足可以支持教师边学习边实践。另外，为了让老师们能够在教学中更加自主和自由地发挥，本书也对一些美术语汇进行了必要介绍。

尽管经历的时间很长，但研究永无止境，实验也很难做到圆满。本丛书的出版主要是献给那些参与此项工作的全体老师，所有的领导和朋友们。愿大家的心愿可了，也盼望有志者在丛书出版的平台上做出新的成绩。

我首先要感谢教科院时任院长石龙和张铁道两位领导。他们对这项研究工作给予了充分的、多方面的支持，解决了研究过程中的诸多困难。我更要感谢早教所先后两任所长对这项工作的帮助和鼓励：时任所长梁雅珠为本课题积极筹集经费，邀请专家，组织相关培训，为研究奠定了坚实的基础。现任所长苏婧为了成果的完善也协助我们与多方协调，解决物质与人力问题，可以说，是院、所两级领导的眼光、胸襟和智慧撑起了我研究的勇气与信念。我最要感谢的还是参与这项研究的所有成员，包括为我们制作美术欣赏作品的王元先生，课题组专业领衔教师吴蔚和袁静，海淀区学前教研中心主持美术课题研究的周深梅老师，帮助我们统稿的早教所张霞老师、东方之星幼儿教育研究所赵霞老师，还有曾经帮助过课题组开展研究的专业美术教师张迪先生，以及各个实验幼儿园的园长和老师们，他们是：北大幼儿园的园长和实验教师、大兴第二幼儿园的园长和实验教师、东城区光明幼儿园的园长和实验教师、丰台区方庄第二幼儿园的园长和实验教师、丰台区西罗园幼儿园的园长和实验教师、海军第一幼儿园的园长和实验教师、朝阳区西坝河幼儿园的园长和实验教师、海淀区63921部队幼儿园的园长和实验教师、朝阳区劲松第一幼儿园的园长和实验教师、朝阳青少年活动中心的有关领导和教师。他们的名字已在编写人员列表处——列举。

汪　荃　敬上

目　　录

001　上篇　幼儿美术欣赏教育的基本理念

- 003　第一章　幼儿美术欣赏教育导论
  - 003　第一节　幼儿美术欣赏的教育价值
  - 004　第二节　幼儿审美能力的培养
  - 006　第三节　幼儿美术欣赏活动的基本环节
  - 008　第四节　美术欣赏教育的操作性原则

- 011　第二章　幼儿美术欣赏作品概述
  - 011　第一节　幼儿美术欣赏作品的选择
  - 015　第二节　美术作品各要素的表达及引导
  - 025　第三节　大师作品的艺术解析

- 039　第三章　幼儿美术欣赏教育经验分享
  - 039　第一节　幼儿园美术欣赏教育新途径的探索与构建
    ——区县教研工作经验
  - 046　第二节　幼儿园美术欣赏活动的实施
    ——园所管理工作经验
  - 049　第三节　欣赏画教学实践模式的突破与创新
    ——教师教学活动经验

下篇　小班美术欣赏教育活动的组织实施

053

第四章　小班幼儿美术欣赏的年龄特点 ……055

第一节　小班幼儿运用色彩的特点 ……055

第二节　小班幼儿运用线条特点 ……055

第三节　小班幼儿运用构图的特点 ……056

第四节　小班幼儿运用技法的特点 ……057

第五节　小班幼儿表现国画的特点 ……057

第五章　小班美术作品欣赏提问预设 ……058

第一节　色彩欣赏提问预设 ……058

　环绕蓝天飞翔的云雀——米罗 ……058

　沙丘——蒙德里安 ……060

　夏天的景色——康定斯基 ……061

　印象Ⅲ——康定斯基 ……063

　有红、黄、蓝、黑色块的构图——蒙德里安 ……064

　天空中蓝色的金子——米罗 ……065

　追随两颗行星游走的头发——米罗 ……067

第二节　线条欣赏提问预设 ……068

　风景画作品——康定斯基 ……068

　小小的希望——米罗 ……070

　数字23——波洛克 ……071

　无题——波洛克 ……073

　花——吴冠中 ……074

　女人Ⅲ——米罗 ……075

第三节　构图欣赏提问预设 ……077

　元音颂——米罗 ……077

　年轻女孩的肖像——米罗 ……078

080	游泳的人——毕加索
081	蓝色Ⅰ——米罗
082	绘画Ⅰ——米罗
084	**第四节　技法欣赏提问预设**
084	绘画Ⅱ——米罗
085	亲密交流的人——米罗
086	蜗牛——马蒂斯
088	红色的盘子——米罗
089	绘画Ⅲ——米罗
091	五月——米罗
093	**第五节　国画欣赏提问预设**
093	八哥、白菜——齐白石
094	雏鸡——齐白石
096	葡萄、老鼠——齐白石
097	蛙戏图——齐白石
099	**第六章　小班美术作品欣赏教学案例**
099	**第一节　色彩要素作品欣赏案例**
099	沙丘——蒙德里安
103	夏天的风景——康定斯基
107	绘画Ⅲ——米罗
111	天空中蓝色的金子——米罗
116	午夜的鸟——米罗
120	追随两颗行星游走的头发——米罗
124	有红、黄、蓝、黑色块的构图——蒙德里安
128	**第二节　线条要素作品欣赏案例**
128	小小的希望——米罗
133	数字23、无题——波洛克

138	女人 III——米罗
142	人.鸟.星星——米罗
146	花——吴冠中
151	第三节 构图要素作品欣赏案例
151	年轻女孩的肖像——米罗
156	游泳的人——毕加索
161	元音颂——米罗
166	绘画 I ——米罗
170	蓝色 II——米罗
174	第四节 技法要素作品欣赏案例
174	绘画 II——米罗
179	亲密交流的人——米罗
184	五月——米罗
188	红色的盘子——米罗
192	蜗牛——马蒂斯
196	第五节 国画作品欣赏案例
196	雏鸡——齐白石
200	八哥、白菜——齐白石
205	葡萄、老鼠——齐白石
209	蛙戏图——齐白石

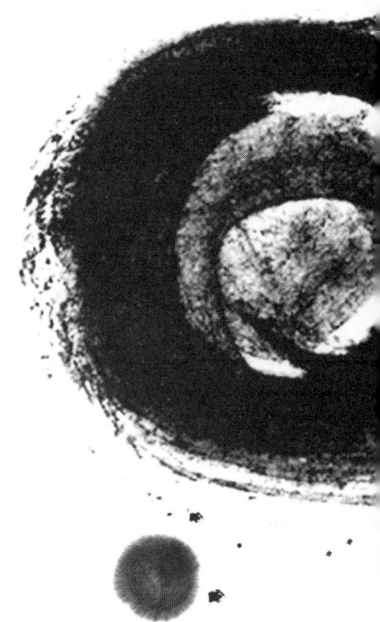

上篇

幼儿美术欣赏教育的基本理念

- **003** 第一章 幼儿美术欣赏教育导论
- **010** 第二章 幼儿美术欣赏作品概述
- **034** 第三章 幼儿美术欣赏教育经验分享

第一章
幼儿美术欣赏教育导论

第一节 幼儿美术欣赏的教育价值

虽说美术教育应该由美术欣赏和美术创作两部分组成，但真正要在幼儿园宣传落实美术欣赏也不是一件特别简单的事情，而必须要解决与之相关的一系列问题，包括建立在理论基础之上的观念转变、建立在发展期待之上的目标定位、建立在活动价值之上的作品选择和建立在师幼互动之上的操作方法，通过这一切将幼儿沉睡着的审美感受唤醒，使他们与生俱有的审美灵感在瞬间得以闪现和爆发，使其审美智慧和能力得以培养、彰显和迁移。为了追求这样的一个信念，课题组老师们进行了长期、深入的教学探索。

拉尔夫·史密斯在《艺术感觉与美育》一书中，阐述了奥斯本等人关于审美欣赏、艺术鉴赏是一种"技能"的学说。"这样一种审美鉴赏的技能和能力，是一种认识性的能力，是一种经过训练而得到的操作性能力，最终是要帮助学生获得一种默契的知识和无法说清的诀窍"。国内的理论家也都赞同这样一种观点，在高等学校通识课程系列教材中，其作者就表示对以上观点表示赞同，并进一步表明："作为一种认识性能力的培养，主要是让学生掌握不同艺术样式在艺术表现方面的基本知识和规律，进而运用这些知识和规律去欣赏具体的艺术作品。"

基于对以上大量有关理论的解读与理解，我们认为：在幼儿美术教学中引入作品欣赏不仅有益于教师、幼儿审美素质的培养，本身也是美术教育的重要组成部分。但是，由于届时国内学前教育"艺术自我表现"的观点盛行，美术欣赏这一培养途径基本被取消。在自我表现的旗帜下，儿童常常被放置于一种放任状态，并被剥夺了能够启发他们进行艺术探索的机会与条件。这与国外教师经常带幼儿到美术馆进行美术教育的情况是截然不同的。分析其原因之后，笔者认为：一方面是由于艺术家自身成长的历程，他们本身具有特殊的美术天赋，可以自我开发艺术潜能，因此主张让儿童自我表现；另一方面是我们的师资水平和视野有限，教师缺乏对作品欣赏的切身艺术感受，以为美术语言只能用"像"为标准，因此体会不到欣赏的价值。

为了扭转这一思想误区，改变幼儿园美术教学有量而无质的现状，笔者认为，加强美术作品欣赏的教学力度是值得探索的。正如美国学者鲁道夫·阿恩海姆所说："许多人天生具有的通过眼睛来理解美术的能力沉睡了，因此有必要唤醒它。"

第二节 幼儿审美能力的培养

从产生想法，选择、制作欣赏作品，讨论、制定、修改研究方案，再到教学活动中的实验摸索，案例的收集整理，幼儿作品的研究分析，课题组前前后后共用了10年的时间。从效果上可以说是验证了最初的研究预想，同时也收获了预先更多感悟，体会到了幼儿艺术审美能力得以发展的因果关系。

一、教师是教育的主体，是促进幼儿审美发展的关键因素

参加本课题实验的老师基本上都是幼儿园指派的，课题组对她们没有进行过任何的筛选，只要是对研究有兴趣的我们就热烈欢迎。通过前几年的研究过程，这些教师对领悟艺术和把握教学的能力均有了明显提高，而这种提高与她们之前是否具有较高的绘画水平并没有明显的关系，起作用的主要体现在以下几个方面：

（1）教师对艺术的理解是一个逐渐提高的过程。由于幼儿园在安排带班人员上的变动，两年来参与实验的教师也经常会有流动，表现为有些教师研究一半走了，有些教师半路插进来了，也有的教师走了又回来了。不论这些教师最初的美术基础有无差别，那些坚持留下来的教师在最后的成果检验中都是最棒的。因而我们的体会是：艺术欣赏水平的提高要循序渐进，而且热情比水平更重要。

（2）教师观念的转变决定了教学能力提高的幅度。在下园观摩活动中，最初实验园的教师均表现出一种教学行为的惯性，即欣赏时无论从哪个角度都想让幼儿观察，而所有的观察又都浅尝辄止、没有深度，因而看不到欣赏的质量和效果。如果一个教师在较长时期里都是只坚持自己原有的想法、做法而不吸收、接受欣赏作品的表达精髓，进步就会受到阻碍。因而我们的体会是谦卑比美术技能更重要。

（3）教师对艺术的理解和观念的转变是互为因果、循环上升的。指导教师的有效方法就是在具体活动和案例中经常回顾理论知识，反复强调欣赏的发展价值，深入探讨细节的处理。当教师在观念上转变了，对作品的感悟和艺术语汇的掌握也就有了突飞猛进的发展，而欣赏能力的提高又一步坚定了她们追求审美智慧的信念。因而我们的体会是成功就在坚持不懈的努力之后。

（4）教师美术素养的提高是幼儿审美能力得以发展的保障。在前一轮的实验中，无论教师整理的案例还是孩子在作品中表达出的对大师绘画语言的理解，课题组都觉得不够满意。而教师们就把这归结于孩子不适宜欣赏作品。但是当第二轮成果出来后，老师们一下子就发现了其中巨大的进步。如果说这些孩子是参与了第一年实验的，这种进步还应在预料之中，但当多数中、大班孩子都是新接触本课题，进步的理由就只有教师水平上升了。因而我们的体会是不在于幼儿是否会欣赏，而在于教师是否有对艺术的感悟和引导幼儿进行欣赏的能力。

二、幼儿对作品的理解是一个连续发展的过程

实验中有的幼儿是在同一个教师带领下连续经历了三个年龄阶段的欣赏过程的，也有的幼儿虽为大班也只是刚刚开始接触，因此，有些大班幼儿表现为欣赏水平不如中班，甚至不如小班也就不足为奇。除此之外，幼儿欣赏水平的提高还受到以下因素影响：

（1）信心的建立是审美素质发展的前提。任何时候都是胆大的孩子占便宜，那些视欣赏活动为游戏的儿童总是能积极参与、大胆探索、热情交流，因而发展也就速度最快。

（2）精神的解放比美术表达能力更重要。实验中发现，被教师认为绘画能力特别强的个别孩子，在欣赏活动中却表现为特别固执，他们的创作永远都是用自己的美术表达语汇和方法，而拒不接受大师的精神营养，其作品也就没有进步。对待这样的孩子，教师最需要做的就是要让他们放下自负的精神包袱，轻装前进。

（3）对艺术作品的爱好和探究美术语汇的方法表现出较大的性别差异和个体差异。一般来说，男孩子比较喜欢笔墨浓重、造型夸张、天马行空、异想天开的欣赏作品，他们在与这样的作品进行对话时，表现得更加兴奋；而女孩子则更喜欢笔触

细腻、造型温柔、构图和谐、具象写实的欣赏作品,他们在与这样的作品进行对话时,表现得更加快乐。此外,随着幼儿年龄的增长,这种差别也就越加显著。因此,作品提供的多样性、针对性,欣赏过程中的因人施教都是非常重要的。

经过几年的研究实践,我们可以得出以下结论:通过提供适宜的作品和欣赏方法,教师的美术素养及其与幼儿进行美术互动的质量能够提高,但需要假以时日;通过提供适宜的作品和欣赏方法,幼儿的审美感受能够被唤醒,他们的审美素质和审美情趣也可得以提高,但需要有一个连续发展的过程。

在取得了可喜的研究成果之时,我们也真切地感到:大师级的作品饱含造诣深厚的艺术素养和博大的人文情怀,不仅经受住了时代的考验为众人仰慕,而且经过幼儿教师的用心选择,可以再度神采焕发,成为幼儿审美的精神家园。

第三节　幼儿美术欣赏活动的基本环节

绘画的基本表现手段主要有线条、色彩、构图、明暗、笔触、肌理等方面,为了保证在有限的时间内就作品的某一个方面与幼儿进行细致的观察与交流,并对作品后续的欣赏起到引导与提示作用,我们把选定的作品人为地划分为几类,分别从线条、色彩、构图、技法角度进行引导。一般来说,一次完整的美术欣赏活动可以包括以下五个环节。

一、直观感受环节

教师以开放的态度,利用艺术作品本身的感染力激发儿童的探究欲望,要求儿童用直接的感知觉与美感意识接触作品,避免把教师的期望灌输给儿童。对艺术品的初步印象是儿童进入美术欣赏的第一步,这一步应把儿童鲜活的个人体验放在优先位置,由此出发再来讨论其他问题。如在马蒂斯《国王的悲哀》的欣赏活动中,教师刚出示这幅作品,幼儿就情不自禁地发出一片"哇! ……"的惊呼,显然,他们是被画面艳丽的色彩、简洁的形象与活泼生动的画面所吸引住了,这便是他们对这幅作品的第一印象。这是未被教师修正过的、最原始、最真实的直觉体验,它伴随一种创造性知觉活动和思维活动,是儿童产生审美愉悦的重要源泉。此时教师应支持、鼓励和激发儿童的表现欲,给他们一定的时间来表达自己的感受。

二、观察描述环节

艺术活动有赖于智慧的运用，而艺术认知层面的活动是需要学习的。在儿童欣赏作品时，要引导儿童从主题、形式、象征、材料等方面进行有意识的观察，并作扼要的陈述，以进一步了解画面的形式及其内涵。这一步可以以老师"你看到了什么"的提问为线索，引导儿童发现作品的点、线、形、色等要素。

三、分析讨论环节

要求儿童在教师的启发诱导下表达对作品的感受，对审美要素进行分析、描述和谈论。教师可以着重分析作品中视觉元素的特色，如画家运用了什么方法来达到它的艺术效果？作品带给你什么样的感受？在与儿童的交流中，教师用隐喻、暗示和解释等方法巧妙地呈现艺术品的内涵与意境，并对所知觉的作品结构作必要的说明、解释和评价。

四、创作表现环节

教师和儿童共同挖掘所欣赏的艺术品的潜在美感价值，教师应鼓励幼儿向画家学习，引导幼儿在潜移默化中创作自己的作品。如欣赏马蒂斯的剪纸作品之后，儿童以色纸剪贴的方式按自己的意愿表现。欣赏梵高的作品之后，幼儿尝试用扭曲、火焰般的线条表现具有动感的物象。

五、评议环节

这是整个活动的必要组成部分，是另外一种欣赏活动。传统的评价多是由教师选择和一一出示儿童的作品进行点评，教师挑出自己最喜欢的（而不说是最好的）一件介绍给大家。而现在是让儿童围绕教学目标轮流向大家介绍自己的作品，说说自己是怎样运用大师的方法进行创作的，这样便于儿童把对名作的欣赏经验迁移到对同伴们和自己作品的欣赏中来，也使儿童有一种自豪的体验和成就感。

第四节 美术欣赏教育的操作性原则

开展幼儿美术欣赏活动，教师面临的更多问题还在实践操作层面。这里介绍一些美育的特殊性原则，供参与者在实践中加以把握。

一、体验性原则

在本质上讲，审美是一种体验活动，包含对审美客体的感知、想象、理解等心理成分和复杂的情绪情感状态。正如歌德在《瑞士信札》中写道："只要我看到可供描写、可以入画的风景，立刻感到一种难以名状的不安。"面对美术大师的作品，教师首先要做的就是捕捉画家在作品中注入的心灵感动，并且循循善诱，唤醒幼儿的心理体验。体验要以活动为中心，通过美的鉴赏和创造活动来完成。在我们每次的欣赏活动中，教师都是向幼儿呈现完整、清晰的作品，尽可能地让他们动手、动口，并给予他们自由表达、自我感受的空间。比如，面对一幅美术作品，教师首先会问孩子在作品中看到了什么？它在哪？过去用手指指，通过这样的问答和动作激发孩子参与活动的兴趣；接着教师还会提问一些开放性的问题，如你看到的东西是什么样的？感觉像什么？你在生活中是否见过？孩子们就更乐于表达自己的见解，分享经验；最后，教师要引导孩子进行情感交流，猜猜画家绘画时的情感，谈谈自己见到作品时的心理感受。这样，就能使幼儿的个体情感在开放状态下不断舒展、释放，并日益丰富、细腻，不断升华。

二、个性化原则

作为个体性的存在，人的审美情趣和审美偏好有很大的不同。有的人幽默风趣，喜看轻松的喜剧；有的人多愁善感，只为沉郁的悲剧而动情；有的人温柔善良，流连于纤巧细腻的江南风光；有的人粗犷豪放，一生钟情于草原戈壁。对于欣赏者来说，他必须调动自己的整个心灵，用经验、学识、情感去品味、理解和把握艺术对象，从而达到对艺术作品的独特理解。正如人们常说："一千个读者就有一千个哈姆雷特。"在开展美术欣赏活动中，我们就发现了幼儿这种比较明显的性别区别和性格区别，比如有的孩子喜欢欣赏人物画像；而有的偏好风景；有的喜欢色彩鲜艳的作品，而有的喜欢色彩淡雅的作品。教师要让孩子们充分表达各自的不同喜好，千万不能把个性淹没在审美的共性之中。

三、阶段性原则

个体审美发展有一个完整的过程。学前儿童对色彩、色块等形式因素最为敏感，因此，学前儿童的审美培养更偏重于对形式美的感受能力。我们的美术欣赏活动首先是聚焦于对作品某一种形式美的感受上，而不强调对作品本身更高层次的精神意义的理解。其次，幼儿的美术欣赏能力是在参与欣赏活动的过程中不断积累和提高的，教师也要把握一个循序渐进的过程，开始的问题一定要浅显，简单化，易于回答，逐步再过渡到更为复杂和个性化的问题。在为幼儿挑选欣赏创作活动的操作工具时，也要考虑到不同年龄段幼儿的实际操作水平。例如，欣赏修拉的点彩作品，大班幼儿可以直接用彩色蜡笔来画，而小班幼儿则更适合用沙子、锯末等进行创作。

第二章
幼儿美术欣赏作品概述

第一节 幼儿美术欣赏作品的选择

一、借助大师的作品形成欣赏的高起点

当前我们生活在发达的传媒时代，身边经常接触的是商品包装、广告、漫画、动画、网游等大众美术，而经典美术作品则逐渐远离了人们的生活和兴趣。但是，美术作品的价值并不会因时代的变迁而悄然褪色，作为人类文化的宝贵遗产，其在教育中的地位也是不容动摇的。选择大师级的美术作品作为欣赏活动的对象，让幼儿感受、认识、理解其中所蕴涵的永恒的、不可估量的艺术价值，就是让他们站在艺术家的肩膀上感受艺术、观察艺术和体验艺术，并逐步学习用艺术家的眼睛去感受生活，用艺术家的心灵去品味生活，用艺术家的灵感去创造生活，进而对人生和世界形成一种审美关照。正如20世纪最伟大的美术史家之——贡布里希所说："艺术家是见其所欲画，而不是画其所己见。"用通俗的话来说，就是艺术家所画的内容是表达物体对他心灵的触动，而不是告诉大家他眼睛看到了什么。

选择大师的作品进行欣赏，就是因为这些作品有灵魂。当然，幼儿园美术欣赏教学活动使用的作品不可能是原作，只能是复制品。复制品的方式主要有印刷品、数字图像、模仿画等。随着现代印刷术的发展，质量精良的印刷品能够比较清楚地再现原作风貌，成为艺术家与艺术接受者实现精神交流和审美对话的中介，"当大师的作品与观者在他自己的情景中相遇时，作品将得到复活"。另外，印刷品价格便宜，使用方便，是当前落实幼儿园美术欣赏的最适宜形式。我们的目的是，对话大师，引导教师和幼儿参与到有意义的美术文化交流活动中，将大师的养料转变为幼儿自身高级心理机能成长的营养，从而丰富个人的审美经验和艺术表达语汇。

二、按照儿童审美发展的规律和教学的现实需要梳理选择作品

美术欣赏首要的目标是打开儿童的心灵之窗，使幼儿体会到绘画是轻松随意、自由自在的活动。为此，我们把这样一些作品选择到实验中。如米罗的作品《小小的希望》《天空中游走的头发》《水彩画》等，康定斯基的《风景画作品》《黑色线条》等，就均较好地体现了这一特点。那些看似随意的涂抹、无意的线条就像幼儿自己曾经的"涂鸦"，不用像什么，只要画到自己满意就行。

欣赏的作品的内容要贴近幼儿的生活，符合其审美情趣，能唤起其内心甜美的情感。为此，我们选择了齐白石的《灯鼠图》，李可染的《牧牛图》，米罗的《亲密交流的人》《鸟的爱抚》，马蒂斯的《蜗牛》《国王的悲伤》等作品，这些均是幼儿十分感兴趣的题材。再如齐白石的《群虾图》，吴冠中的《花》，马蒂斯的《窗外的景致》，梵高的《开花的桃树》，康定斯基的《秋日阳光下的街道》，修拉的《大碗岛的星期日》等，也都是幼儿生活中再熟悉不过的事物。引导幼儿欣赏这样的作品，幼儿自然会感到惊喜、亲切、温馨。

为幼儿选择的欣赏作品还应该有那些看似简单，但实则展现了艺术形式美的作品。像米罗的《蓝色》《环绕蓝天飞翔的云雀》，蒙德里安的《沙丘》，康定斯基的《无题》，毕加索的《游泳的人》，马蒂斯的《爵士乐》等，就强烈地散发出了一种既简单又纯粹的美。当我们看到这样的作品，不仅感受到了纯视觉的震撼，更感受到绘画不再是一件困难的事情，而只是进行美的抒发。

当然，绘画作品的美不只局限在艺术的装饰性效果上，那些自由挥笔、肆意洒泼的作品更是让性格外向、胆大开朗的孩子无比喜欢。像米罗的《五月》《红色的盘子》《鸟在天空爆炸的时候》，波洛克的《数字》系列等就都是这类作品的代表。看到这样的作品，绘画就不仅仅是轻松惬意的事情，简直就是痛快过瘾的行为了！

童年最重要的是心灵梦想。在孩子的内心世界里，没有什么是不可能的。而米罗作品中那些天马行空的畅想，最容易唤起孩子情感上的共鸣。像《天空中蓝色的金子》《午夜的鸟》《从太阳飞来的蜻蜓》《诞生日》《人与山》《太阳下的人和狗》等作品，均是大师的畅想之作。有了大师的示范引领，孩子还有什么不敢想的？

"知觉寻找秩序"是人类心理捕获艺术普遍性的永恒倾向。探索艺术美的规律，在美术欣赏与创作过程中，无论对教师还是幼儿，都是一种自觉或不自觉的行为。而认识美的规律的能力，正如前边理论部分所表达的：是一种经过训练而获得的智力，得到的是一种默契的知识和无法说清的诀窍。本课题组选择的美术欣赏作品就反映了画家对事物的多元表达。其中"树"的画法有蒙德里安的叶片布局均匀的树；有梵高的在风中颤抖的树；有吴冠中的迎接春天到来的树；有高更的色彩浓重大写意的树；有卢梭近大远小排列整齐的树等；人物的画法也有米罗的抽象和写实的两幅《自画像》；剪影式的《女人与鸟》；线条概括的《坐着的女人》《加泰罗尼亚农夫的头像》；造型简洁夸张的《年轻女孩的肖像》，另外也有康定斯基的《罗马尼亚风格的罩衫》和《穿石榴裙的女人》；有毕加索的《手捧鸽子的孩子》《女人的半身自画像》《戴帽女人的半身像》；有马蒂斯的《克里奥尔的舞者》。此外，还有一些反映自然景色、动物植物、生活场景等绘画风格不同的作品。

总之，这些标新立异、流传千古的经典美术作品，是艺术家们对材质、笔触、色彩等美术元素的巧妙运用，是发自内心的灵性的创造。让幼儿触摸这些不朽名作，发现通往艺术的多样化道路，进而获得丰富的艺术体验，是我们在作品选择时的初衷。

三、尝试进行年龄划分，为研究与教学实践的系统性、适宜性奠定基础

最初选择美术欣赏作品的时候，就确定好了要按照幼儿园的年龄班配备作品。之所以这样做，一方面是因为幼儿在幼儿园的生活是有阶段性的，不能在三年的时间里经常重复面对同样的作品；另一方面也是因为幼儿审美能力的发展需要一个逐渐培养的过程。在这个过程中，幼儿心灵中的审美之窗需要被一扇扇逐步打开。

为小班幼儿选择作品的角度主要是考虑让他们敢画、喜欢画。比如像大师那样涂鸦也行，随便圈圈点点也行，画的是什么不用看得出来，或者画完了再给起个名也行。为中班幼儿选择作品的角度就更加注重发挥他们的想象力，鼓励他们对个性表达的认可，同时了解和探索更多的美术表达工具。为大班幼儿选择作品的角度强调的是融入更多的美术表达元素，进一步拓展他们的审美视野，同时创作欣赏环节的操作方式也更加精细复杂。

四、将作品进行欣赏角度的划分，为研究与教学的指向性、实效性奠定基础

绘画的基本表现手段主要有线条、色彩、构图、明暗、笔触、肌理等方面。为了保证欣赏活动的质量，我们把选定的作品按欣赏角度进行了人为的划分，以便教师可以在有限的时间里，就作品的某个角度与幼儿进行细致的观察与交流，并在操作中实现与大师的积极对话。由于作品在明暗、笔触、肌理等方面的表现对幼儿来讲有些高深，所以分类时统一归纳成"技法"，目的是让幼儿体会多种多样的工具材料和表达方法。

经过对欣赏角度的规划，我们在具有美术专业素养的教师带领下，把全部作品划分成5类，即：线条、色彩、构图、技法和国画。之后，课题组根据作品给定的角度，在反复推敲的基础上为每幅欣赏作品制订了教学计划，包括两个欣赏目标，三个预设提问和一系列的追问，操作材料和工具的准备，教师指导的重点和活动结束前的点评等。可以说，这项工作是本项研究花费精力最大、也是困难最多的工作，但也正是由于打下了这样的基础，实验的开展才有了质量上的保障。

第二节 美术作品各要素的表达及引导

艺术欣赏教育是培养儿童艺术素养的一个重要途径，特别是，让儿童从小接触经典，与大师直接对话，可以使儿童有一个高起点，儿童通过与艺术大师作品的经常接触、对话和欣赏，在不知不觉中吸收大师们的构图、线条、作画方式、对色彩的运用和对画面的总体感觉，这些艺术语言都在潜移默化地滋养着孩子们的心灵世界，丰富着他们的艺术感觉，提高着他们的综合艺术素养。这一切不仅有赖于一般知觉能力，还需要欣赏艺术形式的技巧。借用罗恩菲尔德的话，"相对于经历来讲，儿童需要的是多了解知识，教师的一部分责任是使这种知识了解得更加活跃"。

我们的分类小词典，可以帮助教师掌握一定的美术专业知识，以便引导幼儿遵循一定的规律与方法进行学习，从而激发他们追求美与表现美的欲望与热情，主动地去观察、想象、表现乃至创造。

一、色彩小词典

(一)色彩基础知识

绘画的色彩来自客观世界的光与物体。各种物体因吸收和反射光量的程度不同而呈现出复杂的色现象。色彩到了画家的笔下,不仅能反映客观事物,而且表达了艺术家的思想感情。画家正是利用色彩的无穷变化,构成了一幅幅美丽的绘画。色彩的表达可以分为物象描绘性色彩、主观情感性色彩和抽象表现性色彩。画家用不同的色彩表达方式来抒发自己的情感。

色彩的绘画本质在于它的情感意义。人之所以能够感知色彩的情感,是因为长期生活在一个色彩世界中,积累了许多视觉经验,一旦知觉经验与外来色彩刺激发生呼应,就会使人产生色彩联想,并在心理引发某种情绪和情感。

1.单一色彩的联想

色彩	具象联想	抽象联想
红色	火、血、太阳……	兴奋、热情、危险、跳动、活力……
橙色	灯光、柑橘、秋叶……	温暖、欢喜、嫉妒……
黄色	阳光、香蕉、迎春花……	光明、希望、快活、平凡……
绿色	草地、树叶、禾苗……	和平、安全、生长、新鲜、健全、青春……
蓝色	大海、天空、水……	寒冷、平静、悲哀、透明、理智、深远、悠久……
淡粉色	花朵、房子、裙子……	可爱、天使、天真……
紫色	丁香花、葡萄、茄子……	优雅、高贵、神秘、庄重……
黑色	夜晚、墨汁、煤块……	严肃、刚健、罪恶、恐怖、死亡、寂静……
白色	白云、白糖、面粉、雪……	纯洁、神圣、清静、光明……
灰色	乌云、草木灰、树皮……	平凡、谦逊、失意……

2.色彩的组合表达

色彩的表达不仅发生在单一色彩上,还常常发生在不同的色彩组合当中。画家在使用色彩时,会以人的知觉经验为基础,借助不同色彩的色相、明度、纯度、冷暖、形状、面积等方面的变化以及相互关系,来传达自己的内心感受。只有运用多种不同色彩的组合和对比,才能更好地表现人的悲喜交加、百感交集。

（二）如何引导幼儿欣赏绘画作品中的色彩

一幅美术作品由线、形、色、构图这些基本要素组成，而最能刺激儿童欣赏欲的是一幅作品中的色彩。因此，教师可以从多方面着手培养和诱发儿童自身的色彩潜能，引导孩子结合他们已有的色彩知识，感受作品中的色彩，全面开发儿童的色彩天性。幼儿从出生之日起，其基因里就蕴含了人类对色彩的情感记忆。美术欣赏活动的意义就是唤起他们这种记忆的过程，并与后天的感知经验相互验证，从而发展出独具特色的色彩审美情趣。

首先，教师要了解幼儿认知色彩的心理特征。就对色彩的感受而言，丁秀玲研究了幼儿对色彩的视觉效果、情感效果、象征效果的感受，结果发现：幼儿在色彩的三个层面的审美感受上存在差异。表现为：幼儿的视觉效果感受性最强，而色彩的情感效果和象征效果感受性相对较弱。他们对色彩的冷暖有一定的识别能力，普遍喜欢暖色。大部分幼儿已有较好的色彩搭配的感觉，其审美趣味表现为由鲜艳、对比强烈的色彩构成向协调、柔和的色彩构成转变。在对色彩的表现方面，杨景芝教授通过多年的教学实践研究发现：幼儿把色彩当作表达感情的语言，他们从不临摹自然，因而运用时不是立足于写实，而是象征性的表现。幼儿最初接触颜色，无法控制对色彩的迷恋、喜爱和表现之情，他们无拘无束地狂乱涂抹、挥洒表现，并用纯色、对比色表现，这是大多数儿童色彩画的特征。同时，由于幼儿受心理发育影响，空间思维能力大多处于平面空间思维阶段，色彩画也主要表现为色面的平涂，具有装饰性色彩表现特点。

那么如何根据幼儿认知色彩的心理与年龄特征引导幼儿欣赏作品中的色彩呢？

1. 色彩的对比

画面色彩的对比涉及因素很多，如色相对比、明度对比、纯度对比、冷暖对比、面积对比、视觉感受中的同时对比等。笔者认为针对幼儿欣赏作品中的色彩，可以先从色彩的明度对比和冷暖对比入手，促使幼儿把握画面的基本色彩关系。

色彩的明度对比是指色彩的深浅对比。色彩明度包括两方面：一是指一种色的深浅差别；二是指不同色间的深浅差别，如黄色最亮，紫色最暗。引导幼儿观察并感知，画面的色彩生动与明确效果，是因为在邻接的色块之间拉开了距离。

色彩的冷暖对比是指色彩性质的冷暖倾向，它是检验人色彩感觉的尺度。一幅画如果只有明度变化而没有冷暖变化，画面色彩就会显得单调贫乏。教师可通过作品的欣赏，引导幼儿认识三原色与三间色，从而进一步认识到在冷暖对比中，最为强烈的是补色对比，也就是三原色与它相对应的三个间色的对比，如红与绿、橙与蓝、黄与紫。例如，梵高的《夜空》中橘黄色的月光、星光交相辉映，把深蓝色的夜空点缀得灿烂辉煌。

色彩的纯度对比是指色彩的纯净程度。三原色与三间色鲜明度最高，色感最强。绘画中降低色彩纯度的方法可以通过加白、加黑，或者用补色不等量相加的方法实现，又或者在三原色与三间色中适当调些复色也可以得到漂亮而和谐的色彩。例如，蒙德里安的《有红、黄、蓝、黑色的构图》，三原色的运用使画面纯净、明快。黑色的分割线条，给人以稳定、和谐之感。

色彩的面积对比是利用对比色面积的大小差别使画面色彩对比和谐。一般鲜明的纯色在画面上的面积不超过1/3，其他部分主要用灰色调节。例如，康定斯基的《红色椭圆形》。

2.色彩的调和

色彩的对比与调和是互相依存的，减弱对比就能出现调和效果。在作品中运用同类色表现就会产生调和色调，例如，蒙德里安的《树》，就是运用不同的绿色进行表现画面，使画面色调和谐。

3.色彩的情感

色彩是最具感染力的美术语言。一幅优秀的作品倾注着艺术家的执着与对艺术的追求，在色彩上也带有许多主观的感受。但色彩对人类生理、心理的刺激所引发的情感是有许多共通之处的，依照这一规律，教师可以引导儿童理解和接受艺术家们用激情和生命所描绘的色彩。例如，暖色能引起人们对太阳、火光等的联想，给人以暖和的感觉；冷色，使人联想到天空、海洋等，使人产生寒冷的感觉；明度纯度都高的色彩给人以华丽的感觉；明度纯度都低的色彩使人感到朴实。艺术家们正是利用色彩的这些特征并结合其他艺术语言，创造出了富有感染力的艺术作品。

除了引导孩子欣赏名画外，在生活中适时地引导孩子欣赏身边的颜色，如园内、园外的风景，园内小朋友的作品，不同时候天空的颜色，小朋友高兴、生气时脸的颜色，节日的颜色等。随机地引导幼儿欣赏颜色，在欣赏中，潜移默化地提高其自身的色彩能力，获得丰富的美感体验。当然，幼儿色彩能力的提高远不止是让儿童学习一些名词术语和色彩知识，更重要的是使儿童能以自主精神去创造性地表现色彩。新《幼儿园教育指导纲要》指出："引导幼儿接触周围环境和生活中的美好的人、事、物，丰富他们的感性经验和审美情趣，激发他们表现美、创造美的情趣。"以新《纲要》为指导思想，在幼儿美术教学中，教师要把重点放在色彩的表现上，所以作为教师要对色彩有深切的认知，具备一定的色彩素养。利用幼儿自发和本能的感情冲动，引导孩子结合自己的体验运用色彩充分表达自己的感受。教师要按单元，有步骤地为幼儿设计能打动他们心弦的有趣课题，使他们在早期就获得丰富的色彩经验和充分表现其潜力的机会，成为能熟练驾驭色彩的主人。

二、线条小词典

（一）线条基础知识

1. 线条的性质

在绘画中，线条的作用体现在两个方面，一是对物象轮廓、形体的描绘；二是线条自身的艺术表现。前者是"他律"的物象描绘性线条，后者是"自律"的情感表现和抽象表现性的线条。

（1）具象的线条：主要是为了填色而勾勒出物象的大体轮廓，它要表达的是内容，让人们辨认这是什么。

（2）抽象的线条：主要是为了表达情感而创作的线条，其中已灌输了精神内容，它要表达的是情感。

2. 线的联想

线条	具象联想	抽象联想
直线	尺子、物品的边……	硬朗的、坚定的、不假思索的……
弧线	彩虹、拱形门……	圆润的、柔软的……
波浪线	海浪、起伏的山……	变化的、不稳定的、兴奋的……
折线	锯齿、扇子……	固执的、顽强的、强硬的……
螺旋线	电话线、龙卷风……	迂回的、愤怒的、凌乱的……
蜗牛线	蜗牛、漩涡……	封闭的、收敛的、含蓄的……
虚线	下雨……	犹豫的、伤心的、谨慎的……
放射线	太阳的光芒……	奔放的、开放的、快乐的……

3.线条的情感表达

1)线条性质的情感表达

(1)凡属表示愉快感情的线条,无论其状是方、圆、粗、细,其迹是燥、湿、浓、淡,总是很流利,不做顿挫,转折也是不露拐角的。

(2)凡属表示不愉快感情的线条,就一再停顿,呈现一种艰涩状态,停顿过甚的就显示焦灼和忧郁感。

2)线条形态的情感表达

(1)直线最少装饰性,曲线具有装饰性,二者结合,使单纯的曲线多样化;波状线由两种弯曲的、相对照的线组成,更加吸引人。

(2)蛇形线是一种弯曲的并朝着不同方向盘绕的线,具有无限多样的变化,是富有魔力的线条。

3)线条个性的情感表达

在我们选择的欣赏作品中,梵高的绘画多弯曲、动荡的线条,反映画家本人急躁而冲动的品格;蒙德里安的画多冷静、准确的线条,则表现出艺术家的精确、理性、富于逻辑性的个性;康定斯基的画多奔放而有力的线条,则反映了这位艺术家火焰般的激情和热烈的性格。

(二)如何引导幼儿欣赏作品中的线条

前面我们介绍了线条的性质,那么我们就要通过各种途径和方法帮助幼儿了解、分析和理解这些线条在作品中的作用和意义。德国艺术家保罗.克利曾经有一句名言,"用一根线条去散步",表明了线条并不单单是绘画的元素,更是一种情感的表达。线条在作品中既起到了装饰的作用,同时也表达了画家的丰富情感。幼儿对作品中线条的理解源于生活中经验的不断积累,所以学会欣赏之前,经验的积累也是必不可少的。首先,我们要多引导幼儿观察身边的事物,如自然界中线条的存在、花鸟树木中线条的粗壮与柔美、山云雨雪中线条的变幻与永恒、世界建筑中线条的造型与风格……其次,选择适宜的作品,可以帮助幼儿更多的认识和感受线条的作用。如米罗作品中的线条质朴而充满童趣;达利作品中的线条夸张而有想象;梵高作品中的线条奇幻且奔放;蒙德里安的线条秩序感十足……其实,我们最终的目的,是丰富幼儿对线条的认知经验,同时能够不受任何约束地,用自己的内心去感受线条在作品中的运用，从而获得美的感受。

三、构图小词典

（一）构图基础知识

构图是指画家为了表现作品的主题思想和美感效果，在一定的空间，安排和处理人、物的关系和位置，将个别或局部的形象组成艺术的整体。

1. 构图的几种审美原则和规律

（1）平衡是左与右、上与下、前与后、中心与周围以及整体中各部分在视觉感受上的均衡稳定关系；

（2）比例是整体与局部、局部与局部、整体与环境的大小、宽窄、长短等数量关系；

（3）对比是造型形式不同因素的并列，有鲜明、醒目的效果；

（4）调和是造型形式中相近因素的并列，给人以平静、含蓄、闲雅的感觉；

（5）节奏是线条、形状、色彩、明暗等因素有秩序、连续性的强弱变化；

（6）多样统一是在杂、差异、变化中达到整体的和谐。

2. 构图的情感表达

绘画中的构图同样有极强的情感意义。水平式的构图常常暗示着安闲、和平、宁静；倾斜的构图常蕴含着动的趋势；金字塔式的构图常暗示稳固、持久；锯齿形的构图常饱含着痛苦和紧张；倒三角式的构图则显示出不稳的危机；圆状的构图常暗示着圆润、完满。而将这些不同的构图形式进行综合性的组合，进行交错、对比，就能唤起崇高、升腾、庄严、悲壮、坚实、挺拔、优美、温柔、萎缩、紧逼、寒冷、凄凉等情感。

（二）如何引导幼儿欣赏作品中的构图

幼儿年龄不同，他们对于构图所呈现出的美感与内涵的理解也是不同的。所以根据不同年龄段的幼儿，我们要选择与之相适应的作品，引导其进行欣赏。如3~4岁的幼儿，本身绘画还处于涂鸦期，构图也以散点式构图为主，在他们的画面中没有主次，没有中心。所以我们可以多提供米罗的作品让幼儿欣赏，感受"凌乱"中的美，感受随意的自由与洒脱，感受散落的美的元素。对于小小的他们无需解释太多，让他们感受与他们绘画风格接近的大师的作品，成就他们创作中的自信是很重要的。4~5岁的幼儿，逐步有了规则意识和秩序感，这个时候我们可以引导他们初步感知简单的构图形式,如蒙德里安的"构图"系列,引导幼儿感受画面中秩序的美和规律的美。5~6岁幼儿,开始有了初步的空间感,逐渐理解了一些近大远小的关系,知道了空间的概念,知道物体即使被遮挡了,也还是存在的。这个年龄段我们可以引导他们多欣赏一些空间感、画面感较强的,画面构图比较有层次丰富的作品。如梵高、修拉、莫奈的作品。

四、技法小词典

(一)技法的基础知识

1. 明暗知识与表达

明暗包括两个方面的含义,其一是由光的照射产生的明暗关系,是绘画依据侧射光现象表现物体立体感、空间感,属于立体表现法;其二是由物体固有色产生的轻重关系,是依据正射光现象来表现物体的质感,属于平面表现法。

2. 笔触知识与表达

笔触是画家在作品中呈现的形状多样的用笔痕迹,它是绘画区别于照片和其他艺术形式的重要特征之一。它可以帮助画家在艺术创作中增加绘画性,提高空间感、体积感、质感和艺术风格等方面的表现力。

笔触在绘画中有很多不同的表现样式,有的笔触长,有的短;有的用点,有的用线;有的呈面状;有的顺结构而行或逆结构而行;有的采取渐变的手段,有的采取并置的方式;有的含色丰富,有的含色单一。每一个画家都有对自身表现技法的追求,把自己的感情倾注在作品的每一笔中,形成自己的绘画风格。

3. 肌理知识与表达

绘画肌理主要指画面处理的质地效果,是创造各种画面效果、塑造多种形象的重要手段,也是画家个性风格的体现。肌理的展现途径包括:画布的选用,底子的处理,颜色的调配,笔法、刀法的运用。

(二)如何引导幼儿欣赏作品中的技法

技法是画家运用多种材料和不同的表现手法表现作品的能力。幼儿通过对作品中技法的欣赏,能学会更具有创造性地运用更丰富的材料来表现自己的作品,并了解多种绘画方法。教师在选择欣赏作品时,要注意作品的材料是否有新意、绘画的方法是否有特点、笔法的运用是否具有独特的表现力。如米罗的《五月》，整个画面没有画的感觉，只有颜色的喷洒与堆积，但这幅作品表达了强烈的情绪和情感；修拉的《山崖》，画面中没有具体的线条与色块，但点彩的画法营造了画面的朦胧美；马蒂斯的《国王的悲伤》，用剪纸的方法，表现了夸张并充满视觉冲击力的绘画作品。总之，对于这些作品，我们可以引导幼儿观察画面中使用的材料、画家笔法的运用以及肌理表现的独特性，帮助幼儿对绘画作品有充分的深入了解和认识，通过技法的分析更准确地表达自己的思想。

五、国画小词典

（一）国画的基础知识

中国画重视笔墨，以线作为塑造形象的基本手段，通过墨色的浓、淡、干、湿的微妙变化，发挥构图的主观能动性，并将诗、书、画、印完美结合，达到优美的绘画艺术效果。

1. 笔墨线条

传统画以毛笔为工具，用笔因轻重缓急不同，笔锋不同（中锋、侧峰、藏锋、露峰），笔画性质的不同（方笔、圆笔、肥笔、瘦笔、疾笔、涩笔）而表现出微妙的审美意味。当画家用画笔画过纸张时，标出了空间的界限，同时也表现着时间的流动，画家的感觉和情感也随之而凝聚在画面上。

元代大画家倪云林的线条，枯涩中见丰润，疏荡中见遒劲，表现了画家的飘逸和空灵。晋代顾恺之的线条，简约娴静，反映了画家内向、深思的性格。唐代吴道子的线条，豪放飘洒，用力错落，反映了画家奔放、雄浑的气质。

国画讲究用笔和用墨巧妙结合，相互辉应。画中的色彩既不是环境色，也不完全是固有色，而是更多带有主观创造，其中既有灿烂艳丽的青绿金碧，又有朴素淡雅的水墨浅绛。如齐白石的绘画，五彩绚丽并非自然模仿，水墨勾染也并不单调。

2. 国画构图

中国传统绘画的构图不像西洋画那样采取静止的焦点透视，而常常是大胆自由地打破时间、空间限制，在处理构图时常使用鸟瞰式的观察方法和左右移动视点的独特方式，以及高度提炼概括的手法，来处理纷呈繁复的自然现象，因而产生了气势磅礴的《长江万里图》，景色连绵的《千里江山图》。

中国画的构图，更是以立意、气韵为根本的出发点和归宿。重视情势，讲究画面物象内在联系上的贯通；在位置的经营上，讲究环环相扣、节节相连，从内外两个方面形成一种连贯又起伏的情感节奏。如宋代张择端的《清明上河图》，在构图上，有序曲、高潮、尾声，形成了鲜明的情感节奏，抒发了作者的主观情思。

3. 诗书画印完美结合

诗、书、画、印的完美结合展现了中国画的独特美。一幅优美的国画，不仅要体现出笔墨构图的完美，还要有诗一般凝练而富有感情色彩的形象和意境。画家要重视修养，注重书画题跋，以诗文抒发情感，唤起观者的联想和共鸣，使画面境界因诗而丰富、提高。

国画从一开始就不单纯拘泥于外表形似，更强调神似。形似只有外表的逼真，神似才能表现出内在的本质精神。

（二）如何引导幼儿欣赏国画

国画的欣赏对于幼儿来说还是有一定难度的，它更强调情趣和意境，更注重观者的心境和感受，也更多地体现了对生活的热爱和细微的观察。我们在引导幼儿欣赏国画时，更应关注它的大气与内敛，以及它对于空间的似有似无的表达方式和它浓墨淡彩对于事物的生动表现手法。如《牧牛童》中牧童那闲适恬淡的生活状态；《灯鼠图》里一动一静两个形象的鲜明对比；《群虾图》中大量的留白对于水的想象……所以，国画的欣赏，更多的是感受它的独特的表达方式和表现形式。

第三节 大师作品的艺术解析

儿童美术欣赏的性质与一般的鉴赏是有区别的。儿童偏重于从感性层面来认识艺术作品，对自己喜爱的作品加以欣赏和赞美。对作品的背景知识、艺术基本要素只限于在教师的点拨下有所关注。为儿童选择艺术欣赏作品必须遵循高度艺术性与儿童可接受性相结合的原则，要选择典范性的美术作品作为欣赏对象。19世纪德国著名作家、美学家歌德说过："鉴赏力不是靠观赏中等作品，而是要靠观赏最好的作品才能培育成的。"中国古语中也有"取法于上，仅得为中；取法于中，故为其下"

的说法。同时，教师也要考虑儿童的兴趣和理解能力，使之符合儿童的生活经验。

本课题作品一共选择了 120 余幅作品，涉及 13 位画家，下面主要从这些画家及其作品的主要风格特色进行简要介绍。

一、妙在似与不似之间——齐白石

齐白石（1864~1957），湖南湘潭人，20 世纪中国画艺术大师，20 世纪十大书法家之一，世界文化名人。齐白石于 1864 年元旦出生于湘潭县白石铺杏子坞，1957 年 9 月 16 日病逝于北京，终年九十四岁。他幼时家道贫寒，只读过短暂的私塾，十五岁起从师学木工而以雕花手艺闻名，自四十岁起，离乡出游，五出五归，遍历陕、豫、京、冀、鄂、赣、沪、苏及两广等地，饱览名山大川，广结当世名人，五十五岁避乱北上，两年后定居北京。

齐白石的作品，来源于生活，却又高于现实生活，主张艺术"妙在似与不似之间"，他画的虾，寥寥数笔，既具有虾的特点，又强调了虾的神采，一笔水也不画，但又却是水中游动的虾。

在表现内容上，有了跃然纸上的墨虾，有了美丽的小鸟、蜻蜓、毛茸茸的小鸡，有了千姿百态的牵牛花、荷花，有了不入流的大白菜……贴近生活，表达了对生活的热爱。

在色彩上，大胆突破，创造了红花墨叶一派，进一步强化了色彩的表现力。他保留了中国画以墨为主的特点，同时以其他明亮色彩点缀其间，使画面亮丽夺目，格外传神。

在表现形式上，创造了工写纳于一纸的齐家样，即花木枝干粗放，形简到极致，但物形又在其中，而虫草十分工谨，细到纤毫必现。

齐白石以其纯朴的民间艺术风格与传统的文人画风相融合，达到了中国现代花鸟画的最高峰。

二、随着牧童去游荡——李可染

李可染（1907~1989），中国现代中国画家。1907 年生于江苏省徐州市，1989 年 12 月 5 日卒于北京。擅山水、重写生，醉心于民族传统绘画的研究与创作，并将西画中的明暗处理方法引入中国画,将西画技法和谐地融化在深厚的传统笔墨和造型意象之中,取得了杰出的成就,形成了自己的独特风貌。

李可染的山水画重视意象的凝聚。他强调作山水画要从无到有,从有到无,即从单纯到丰富,再由丰富归之于单纯。他借助于写生塑造新的山水意象,由线性笔墨结构变为团块性笔墨结构,以墨为主,整体单纯而内中丰富,浓重浑厚,深邃茂密。他的画多取材于江南与巴蜀名山大川,因而熔铸了他风格中的幽与秀。纯朴、醇厚的北方素质又使他的风格融入了朴茂深沉。他又将光引入画面,尤其善于表现山林晨夕间的逆光效果,使作品具有一种朦胧迷茫、流光徘徊的特色。

李可染的《牧牛图》像一首质朴的田园诗,人物造型质朴洗练,情意相呼,画家用大面积的水墨树木淋漓尽致地表现了一种"写意"的笔墨形式美,整幅作品充满意趣。

《万山红遍》为了表现"层林尽染"的"红遍"的意境,大胆使用了朱砂,朱磦颜色,恰与黑墨白纸相映生辉,画法采用了积色法,局部有如油画的笔触与肌理,但在山的轮廓、房舍的边线、树的枝干等处又保留了传统笔墨的特点,体现了他融合中西而突出传统的主张。

三、风筝不断线——吴冠中

吴冠中(1919~2010),我国著名的画家、美术教育家,是旧中国最后一批去法国留学的画家之一,也是新中国第一批从西方回国报效祖国的画家之一。1919 年出生于江苏宜兴。吴冠中在美术创作和美术教育上取得了巨大成就,致力于油画民族化和中国画现代化的探索,在海内外享有很高声誉。1992 年 3 月,历史悠久的大英博物馆,这个举世闻名的艺术圣殿,为吴冠中举办画展,这是该馆第一次为在世的东方画家举办隆重的画展。吴冠中的早期画作多以江南水乡为题材,画面充满诗意,他特别重视点、线、面的结合与搭配。吴冠中曾说过:"我的画是将西画的优点表现在中国画之中。我画的点和线,每一笔都包括了体面的结构关系。画中的点和线,不管是大点小点、长线短线,在运用上是严格的,都不是随便乱摆上去的,有时一点不能多也不能少,点子多了对画面无补,我都想办法将他遮掉。对线的长短也是如此,都不是随便画上去的,要恰到好处。"

吴冠中先生长期致力于视觉艺术形式美感的研究与探索。他的抽象绘画作品一向被认为极富音乐美感。他非常注重画面中点、线、面的组合与搭配，以及色彩的情感表现所形成的强烈的形式感，而造成这种形式感中内涵的节奏感和韵律感，又给观众以强烈的音乐美的动感享受。

四、燃烧激情的漩涡——梵高

梵高（1853~1890），后期印象画派代表人物，是19世纪人类最杰出的艺术家之一。他热爱生活，但在生活中屡遭挫折，备尝艰辛。梵高全部杰出的、富有独创性的作品，都是在他生命最后的六年中完成的。他最初的作品，情调常是低沉的，可是后来，他大量的作品即一变低沉而为响亮和明朗，好像要用欢快的歌声来慰藉人世的苦难，以表达他强烈的理想和希望。一位英国评论家说："他用全部的精力追求了一件世界上最简单、最普通的东西，这就是太阳。"他的画面上不单充满了阳光下的鲜艳色彩，而且不止一次地去描绘令人无法逼视的太阳本身，并且多次描绘向日葵。

《向日葵》就是在阳光明媚灿烂的法国南部所作的。画家那闪烁着熊熊的火焰，满怀炽热的激情令运动感和仿佛旋转不停的笔触是那样粗厚有力，色彩的对比也是单纯强烈的。然而，在这种粗厚和单纯中却又充满了智慧和灵气。观者在观看此画时，无不为那激动人心的画面效果而感动，心灵为之震颤，激情也喷薄而出，无不跃跃欲试，共同融入到梵高丰富的主观感情中去。总之，梵高笔下的向日葵不仅仅是植物，更是带有原始冲动和热情的生命体。

梵高在谈到《夜晚的咖啡馆》时说："我试图用红色和绿色为手段，来表现人类可怕的激情。深绿色的天花板、血红的墙壁和不和谐的绿色家具，营造出咖啡馆令人不安的气氛。"

梵高的宇宙，可以在《夜空》中永存。《夜空》是一幅既亲近又茫远的风景画，这可以从高视点风景手法上看出。高大的白杨树战栗着悠然地浮现在我们面前；山谷里的小村庄在尖顶教堂的保护之下安然栖息；宇宙里所有的恒星和行星在"最后的审判"中旋转着、爆发着。这不是对人，而是对太阳系的最后审判。这幅作品是在圣雷米疗养院画的，时间是1889年6月。他的神经第二次崩溃之后，就住进了这座疗养院。在那儿，他的病情时好时坏，在神志清醒而充满了情感的时候，他就不停地作画。色彩主要是蓝和紫罗兰，同时有规律地跳动着星星发光的黄色。前景中深绿和棕色的白杨树，意味着包围了这个世界的茫茫之夜。

《加歇医生肖像》作品以蓝色为基调，撑着头的姿势和忧郁的眼神，和大片的深蓝与黑线条，烘托出一种紧张与悲伤的氛围，同时也预告画家的生命即将结束。

《群鸦乱飞的麦田》这幅画上仍然有着人们熟悉的他那特有的金黄色，但它却充满不安和阴郁感，乌云密布的沉沉蓝天，死死压住金黄色的麦田，沉重得叫人透不过气来，空气似乎也凝固了，一群凌乱低飞的乌鸦、波动起伏的地平线和狂暴跳动的激荡笔触更增加了压迫感、反抗感和不安感。画面极度骚动，绿色的小路在黄色麦田中深入远方，这更增添了不安和激奋情绪，这幅画面处处流露出紧张和不祥的预兆，好像是一幅色彩和线条组成的无言绝命书。就在第二天，他又来到这块麦田对着自己的心开了一枪。

五、非常印象非常美——高更

高更（1848~1903），与塞尚、梵高同为美术史上著名的"后期印象派"代表画家。他的绘画，初期受印象派影响，不久即放弃印象派画法，追求东方绘画的线条、明丽色彩的装饰性。这位充满传奇性的画家，最令我们感动的是他在1891年3月，厌倦巴黎文明社会，憧憬原始与野性未开化的自然世界，向往异乡南太平洋的热带情调，为追求心中理想的艺术王国，舍弃高收入职业与世俗幸福生活，远离巴黎，渡海到南太平洋的塔西提岛（Tahiti 夏威夷与新西兰之间的法属小岛），与岛上土人生活共处，并与土人之女同居。在这阳光灼热、自然芬芳的岛上，高更自由自在地描绘当地毛利族原住民神话与牧歌式的自然生活，强烈表现自我的个性，创作出他最优异的油画，同时写出《诺亚·诺亚》名著，记述大溪地之旅神奇的体验。

他画中那种强烈而单纯的色彩，粗犷的用笔，以及具有东方绘画风格的装饰性，与他在大溪地岛上描绘原始住民的风土人情的内容结合在一起，具有一种特殊的美感。

《塔马泰特》描绘了市集的一角，构图用色朴实无华，黄橙蓝甚至搭配起来突出显眼的红绿互补色，全都跳跃于灰底之上，强烈明快，原始而热烈。

《塔西提少女》描绘的是在塔西提这个岛上，劳动妇女生活的一个场景。画面中心两个坐在海边沙滩上的塔希提女人形象，给人以一种平衡、庄严感。为了突出这种特定的风土人情，高更采用的是近于古埃及壁画的平涂手法，故意显露单线平涂的稚拙结构形式。画上的两个人物极富东方色彩的趣味。大面积平涂色块的装饰画法，使土著人民在强烈的阳光下晒成的棕褐色皮肤，与鲜艳的裙子构成了鲜明的色彩对比。这一幅《塔希提少女》具有单纯的"原始之美"的特点。在这里，透视远近法没有了，色彩是经过整理和简略的，人物也缺乏立体感，但这一切所构成的色调是令人兴奋的。它的装饰性带来了一种粗犷的部落生活气息。海岛上的浓郁色彩和土著人的纯朴劳动生活与性格，着实给高更的画带来了特殊的风采。

六、用色点拼合的世界——修拉

修拉（1859~1891），法国新印象主义的重要代表人物。新印象派流行于1880年以后的一段时间，是印象主义的一个支派，把印象主义关于绘画色彩的技法，发展到一个极端。新印象派主张不在调色板上调色，而是以原色的小色点排列或交错在画面上，让观众眼睛自己去起调色作用，这样，画面形象完全是用各种原色点子所组成。因此这一画派也称为"点描派"或"分割画派"。

《大碗岛的星期日》是修拉发表新技法的宣言，这幅作品整整花了修拉一年工夫来点他的圆点。这幅画完全采用分割画法，画面描绘了在一个初夏的星期日，男男女女在巴黎郊外的大碗岛愉快度假的情景。画面着重描绘河边园林景色，前后景中大块暗绿调子表示阴影，中间夹着一块黄色调子的亮部，表示出午后强烈的阳光。由于画面全部用小色点描绘烘托出形体，所以，男女人物、树木和草地的形象，都显得模糊朦胧。在画面中，共有40个人物，每一个形象都是画家经过千锤百炼概括而成。他们好像彼此毫无关系地被摆放在一起，但画面整体洋溢着一种宁静而幽雅的秩序美。

七、朴素艺术的棋手——卢梭

卢梭（1844~1910），法国卓有成就的画家。他用那纯真无瑕的眼睛去观察世界和感受生活的真谛，这使他的画具有强烈而鲜明的个性。卢梭的创作热衷于创造一个幻想的世界,他的艺术很难归到哪一派,但他的画法属超现实主义。他似乎总是生活在一个梦幻的世界里,这种与生俱来的爱幻想的天真性格,使他的画具有原始童话般的魅力。他的画不是视觉意象,不是真实的物质世界,而是他在头脑中重新构建的图景。画中形与色的奇特的秩序,包容着过去、现在和未来的抽象时空,神秘宁静的光线等,它们都像儿童的梦想一样愉快、透明、虚幻。如卢梭的《丛林组画》,在丛林中,树干、花朵、叶子、果实各具特色,人和动物自然而隐约存在其中,动物看上去有人的灵性,人看上去又像动物,植物也富有生命力,像真的似的。这些画都充满了生机,茂密的森林占满了画面,奇异的花和果实,可爱的、富有灵性的动物,神秘的人,构成了一幅生机勃勃的丛林奇景图,深深地吸引着观者的目光,引起人们对热带丛林的遐想和向往。在他超凡的想象力之下,丛林被描绘得如世外桃源的仙境一般,亦真亦幻,十分迷人。画面的色调明快,以深色的绿色调为主,单是树叶就用了20多种深浅不一的绿色。

卢梭热爱生活,能从平凡的事物中看到美好,塞纳河、码头、大桥、林荫道等这些司空见惯的景物都深深地吸引着他,他从来感受不到现代工业文明带给人的压力,在他的笔下永远是宁静、轻松的星期天。

八、画布上的乐师——康定斯基

康定斯基(1866~1944),现代艺术的伟大人物之一。现代抽象艺术的理论和实践的奠基人。康定斯基的早期绘画,历经了印象主义和新艺术运动装饰等各个阶段,但都以对色彩的感受为特征,许多是以叙事的童话性为特点的。这些童话,是他早年所感兴趣的俄罗斯民间故事和神话。大约在1910年,他画了一幅粗野、激荡,色彩和线条形状相互穿插的水彩。从这幅画开始,他给了这一类型的绘画以原动力。他运用了与音乐相类似的性质,发现了抽象表现主义的课题,这个课题就是"艺术家的意图",要通过线条和色彩、空间和运动,不要参照可见自然的任何东西,来表明一种精神上的反应或决断。主要作品均采用音乐名称,诸如《乐曲》《即兴曲》《构图2号》等。代表作组画《秋》《冬》均用抽象的线、色、形的动感、力感、韵律感和节奏感来表现季节的情绪和精神。

1921年以后,康定斯基因受至上主义和构成主义的影响,创作又由自由的、想象的抽象，转向几何的抽象，代表作如《白色的线》等。在以后的年间，他曾试图把抒情的抽象和几何的抽象有机结合起来，在几何形的结构与造型中，配以光和色，既充满幻想、幽默，也具有神秘色彩。

九、走进垂直水平的世界——蒙德里安

蒙德里安（1872~1944），荷兰画家，风格派运动幕后艺术家和非具象绘画的创始者之一，对后代的建筑、设计等影响很大。其作品以几何图形为绘画的基本元素，呈冷抽象特色。

早期大量作品风格介于印象主义和后印象主义之间。20世纪20年代初开始从事纯几何形的抽象创作，在平面上把横线和竖线加以结合，形成直角或长方形，并在其中安排原色红、蓝、黄及灰色。他认为艺术是一种净化，只有用抽象的形式，才能获得人类共同的精神表现。蒙德里安是立体派的代表人。他崇拜直线美，主张透过直角静观万物内部的安宁。

《百老汇爵士乐》是蒙德里安在纽约时期的重要作品，也是其一生中最后一件完成的作品，它明显地反映出现代都市的新气息。依然是直线，但不是冷峻严肃的黑色界线，而是活泼跳动的彩色界线，这些界线由小小的长短不一的彩色矩形组成，分割和控制着画面。依然是原色，但不再受到黑线的约束，它们以明亮的黄色为主，并与红、蓝间杂在一起形成缤纷彩线，彩线间又散布着红、黄、蓝色块，营造出节奏变换和频率震动。看上去，这幅画比以往任何一件作品更为明快和亮丽。它既是充满节奏感的爵士乐，又仿佛夜幕下办公楼及街道上纵横闪烁的不灭灯光。这是蒙德里安艺术生涯的最后一个新发展。

十、野兽之子——马蒂斯

马蒂斯（1869~1954），与毕加索是20世纪最重要的两位画家，出生在法国北部。马蒂斯的绘画风格是用简捷的线条和鲜明的色彩塑造出他所构想的一切，他是野兽派当之无愧的领军人物。但"野兽派"时期只不过是马蒂斯艺术生涯中的一个短暂时期，他的独特风格主要是在"野兽派"时期之后渐渐形成的。马蒂斯认为艺术有两种表现方法：一种是照原样摹写；一种是艺术地表现。他主张后者。马蒂斯一生

都在做着实验性探索，在色彩上追求一种单纯原始的稚气。他向东方艺术吸取了许多平面表现方法，画面富于装饰感。在学习东方艺术的过程中，他从原来追求动感、表现强烈、无拘无束，渐渐发展成追求一种平衡、纯洁和宁静感。

在创作《戴帽子的妇人》时，马蒂斯在形式上进行了舍弃，他将颜料不分青红皂白地铺在画面上，不仅仅是背景和帽子，还有这位妇人的脸部、她的容貌，都是用大胆的绿色和红色的笔触，把轮廓勾勒出来的。色彩鲜明，对比强烈，与传统的写实色彩截然不同，就像他说的："色彩的目的，是表达画家的需要，而不是看事物的需要。"

马蒂斯是一个善于摄取各种艺术门类的优点的人，他研究东方地毯和北非景色的配色法，发展成一种对现代设计有巨大影响的风格。著名的《红色中的和谐》抛弃了传统的透视，用色彩关系以及蔓藤花纹的暗示来建立新的空间幻觉，创造了一种充满异国情调的、神秘奇特的新境界。

《舞蹈》创作于1909~1910年，马蒂斯在创作时，把模特儿带到地中海岸边，他认为这幅作品跟地中海给他的喜悦情绪紧密相连，画中背景的蓝色，寓意着仲夏八月南方蔚蓝的天空，一大片绿色让人想起翠绿的草地，人物的朱砂色则象征着地中海人健康的棕色身体。在这幅狂野奔放的画面上，舞蹈者似乎被某种粗犷而原始的强大节奏所控制，他们手拉着手围成一个圆圈，扭动着身躯，四肢疯狂的舞动着。作品体现了画家对线条、色彩与空间关系的探索。

马蒂斯在晚年通过彩色剪纸来试验色彩关系。他为书籍作插图，或进行室内装饰，运用这一独特形式，取得了优美的装饰效果。马蒂斯晚年的艺术是极其简练的，带有平面装饰性的艺术之感。

十一、平面的立体世界——毕加索

毕加索（1881~1973），20世纪西方最具影响力的艺术家之一。他一生留下了数量惊人的作品，风格丰富多变，充满非凡的创造性。毕加索生于西班牙的马拉加，后来长期定居法国。毕加索是个不断变化艺术手法的探求者，印象派、后期印象派、野兽的艺术手法都被他汲取改选为自己的风格。他的才能在于，在他的各种变异风格中，都保持了自己粗犷刚劲的个性，而且在各种手法的使用中，都能达到内部的统一与和谐。

《亚维农的少女》这幅不可思议的巨幅油画，不仅标志着毕加索个人艺术历程中的重大转折，也是西方现代艺术史上的一次革命性突破，它引发了立体主义运动的诞生。在这幅画上，不仅是比例，就连人体有机的完整性和延续性，都遭到了否定，因而这幅画"恰似一地打碎了的玻璃"。但这种破坏却显得井井有条：所有的东西，无论是形象还是背景，都被分解为带角的几何块面，这些非同寻常的块面，使画面具有了某种完整性与连续性。 从这幅画上，可看出一种在二维平面上表现三维空间的新法，这种画法彻底打破了自意大利文艺复兴之始的五百年来透视法则对画家的限制。

油画《格尔尼卡》是毕加索作于20世纪30年代的一件具有重大影响及历史意义的杰作。画中表现的是1937年德国空军疯狂轰炸西班牙小城格尔尼卡的暴行。公牛象征强暴，受伤的马象征受难的西班牙，闪亮的灯火象征光明与希望……在构图上：画面正中央，不同的亮色图像互相交叠，构成了一个等腰三角形；三角形的中轴，恰好将整幅长条形画面均分为两个正方形，相互平衡。另外，全画从左至右可分为四段：第一段突出显示了公牛的形象；第二段强调受伤挣扎的马；第三段中最显眼的是"自由女神"；而在第四段，那个双臂伸向天空的惊恐的男子形象，一下子就把我们的视线吸引，其绝望的姿态使人过目难忘。毕加索以这种精心组织的构图，将一个个充满动感与刺激的夸张变形的形象，表现得统一有序，既刻画出丰富多变的细节，又突出与强调了重点，显示出深厚的艺术功力。

《哭泣的女人》画的人物虽然脸色怪异，面目扭曲，但还是能够辨认出是一名哭泣的长发女子。毕加索运用独特的描绘方式，将女子的头部变形，眼睛夸大，手部曲折，这些都强化了女子伤心哭泣的感觉。

《镜前少女》由有趣的几何形构成。画中以强烈的阿拉伯式花纹为背景，从多视点出发，捕捉了镜前模特儿身体各部位的轮廓，用圆与曲线、通过立体主义语言将它们作了表述，这幅画的色彩图案和线条具有韵律感，少女的各个局部都被予以几何化，并规范成各种圆形：圆形的脸、镜子、胸部、臀部，和圆形镜子中的反映物，镜中境外的圆形构成等，成了富有装饰趣味的圆形图案。这是一种奇特的人物形象，独特的画面结构，充满了浓郁的抒情意味。各种形象充满童趣质朴，用笔抽象概括又不失轻松。以粗细不均的黑色线条以及对比鲜艳互补色——红与绿、黄与紫来铺陈，色彩丰富跳跃。

十二、只有星星在唱歌——米罗

米罗（1893~1983），西班牙画家，20世纪绘画大师，超现实主义绘画的伟大天才之一。超现实主义强调梦幻、联想和象征的画面效果和含义，米罗的超现实主义绘画具有鲜明的个人风格：简略的形状、强调笔触的点法、精心安排的背景环境与色彩，奇思遐想、幽默趣味和清新的感觉。米罗简单之极、天真之极，他在现代艺术中占有一席不是最高的，然而却是无人争夺的地位；这就是他全部的人格和艺术的魅力所在。

他艺术的卓越之处，并不在于他的肖像画或绘画结构，而在于他的作品有幻想的幽默——这是其中一个要素。另一个卓越之处就是，米罗的空想世界非常生动。他的有机物和野兽，甚至他那无生命的物体，都有一种热情的活力，使我们觉得比我们日常所见更为真实。

观看米罗绘画，我们会发现其与儿童绘画有着一定的相似性。这种特征使得米罗与儿童绘画结下不解之缘，超现实主义的评论家也认为米罗是位"把儿童艺术、原始艺术和民间艺术揉为一体的大师"。

十三、挥洒激情的热度——波洛克

波洛克（1912~1956），美国抽象表现主义画家。是抽象表现主义的先驱，是20世纪最有影响力的艺术家之一，作为美国抽象表现主义的代表人物，他执着于追求艺术情感的真实表达，并勇于尝试一切有助于情感表达的绘画形式，最终以极富挑战的行动绘画创造出自由不羁的抽象表现主义新作，从而成为20世纪美国最有影响力的艺术家之一。在其作品恒久魅力的背后，是深藏在线条交织与色彩碰撞中的强烈情感表现以及勇于突破传统的挑战精神。

波洛克行动绘画的创作过程很奇特，其一般程序是：把画布钉在地板上，像踏着舞步似地围着画布走动，用棍棒蘸上油漆，任其在画布上滴洒。他还摒弃画家常用的工具，并且将沙、玻璃碎片或其他东西掺杂在颜料里面，使其成为稠厚的流体。

他的滴洒是一种不受控制的直觉行动，富有形体、轮廓线的压力和韵律变化。画布的每一部分都承受同等的份量，他创造了一个均匀的、没有高潮的表面，迫使眼睛在他缠结的网和团状颜料迷宫似的小径中，不断地寻觅扫视和不断地往返不息。他说，他的创作是潜意识的冲动，"当我画画时，我不知道在画什么，只有以后，我才看到我画了什么"。

纵观波洛克的的作品，我们不难发现，抽象的波纹、漩涡纹线条以及"滴画"中自由不羁的多变线条是其作品中常出现的元素，完整的人物形象在他的作品中出现的并不多。在波洛克的很多作品中，我们无法看到对象的真实特征，更多看到的是那种几乎要喷发而出的强烈情感。这一点在后来甚至可以看作是他艺术成功的特色所在。

第三章

幼儿美术欣赏教育经验分享

第一节 幼儿园美术欣赏教育新途径的探索与构建
——区县教研工作经验

一、引言

21世纪,《幼儿园教育指导纲要》的精神,无疑成为了幼儿园教育指导工作过程中最缜密、最科学、最具法律意义的纲领与指南,是幼儿园教育与管理工作的指导方针。在现代大教育观与儿童观的影响下,审视结合《幼儿园教育指导纲要》精神和北京市贯彻《幼儿园教育指导纲要(试行)》实施细则,与其孕育着幼儿园五大领域教育的《幼儿园快乐与发展课程》,从精神到实践层面,都对幼儿园教师的教学行为提出了许多新的要求,正是基于这一前提,教师教学技能及多元化认知经验的储备与内涵,自然也要发生许多根本的发展与变化。

笔者是长期深入幼儿园教育教学一线的教研员,近几年来,从教研、实践的角度思考了幼儿园的领域课程,从首届北京市教师基本功大赛的初战告捷,到对全区学科研修组的成立之初的前期调研,深切地感受到了幼儿园教师对新《纲要》精神理解的渴求及现实教育技能之间的差异与困窘,尤其是基于美术(欣赏)课程与教育的现状与实践。例如,在很多幼儿园中,美术教学仍然维持在一堂美术课中,教师要求幼儿画一幅与范画相同的画的教学模式,画面的形式、内容与范画大同小异,活动设计基本固定思路,以教师的主动活动为主,很多教师还以"像不像""对不对""好看不好看"来评价幼儿作品。这样的教学无疑束缚了幼儿艺术感知的发展,对幼儿的审美能力、创造能力均起不到良好影响。

二、分析，困窘、焦灼与思考

（一）基于现状的分析

追究上述教学现状的原因，不难分析梳理出以下几点：

（1）教师在日常生活中，对幼儿直觉思维发展不重视，更多关注的是逻辑思维的培养，疏于对幼儿观察力、直觉力、想象力的培养。

（2）教学过程中，教师受固有的教学经验、现有教材与课程模式制约，注重教学结果和单纯美术技巧的学习，忽视激发幼儿的情绪情感及艺术感受力的培养。

（3）从教师专业属性以及教育技能上，远不能以更专业的视角、技能为幼儿美术（欣赏）教育的发展开启新的契机。

正是鉴于以上的因素，造成幼儿园美术（欣赏）教学活动囿于一般的课程模式，难以从现有的幼儿园美术（欣赏）课程上开拓创新、突破。

（二）直面现实的困窘与焦灼

对于有着多年教研实践，并始终与一线教师保持密切接触的笔者，深深地了解，面对着与时俱进的新理念、新时期的美术教育，教师们内心何曾不面临着新观念的冲击与内心的种种困窘与焦灼：

（1）在幼儿园美术（欣赏）教学中，教师指导的意义是什么，教师指导的程度是多少，在幼儿美术（欣赏）活动中教师到底要追求什么？

（2）教师如何对幼儿园美术（欣赏）题材内容进行选择？教师可以让幼儿从美术作品中看到什么？看到作品后，教师可以让幼儿表达什么？

（3）凭心而论，面对美术欣赏教育专业所涉及艰涩难深的专业术语用怎样的语言传达给幼儿，到底有多少新观念、技能，需要教师们去掌握提高。这么多技能，教师从何入手？怎样才能使教师具备更加专业的美术（欣赏）素养与教育执行能力？

（4）从美术（欣赏）教学的课堂模式上——教师仅仅固有的教学技能够不够？淡彩浓墨，范画漂亮美观——到底教师缺失了什么？传统的教学技能与新的教学技能的关系是什么？

（三）思考

美术（欣赏）教育的新技能"新"在何处？教师个人专业技能突出，教学内容符合幼儿的年龄特点。从理论上说，这依然是一位教师的基本教学技能，那这种基本教学技能发生了什么变化？我们是否可以尝试改变？如何改变？变的应该是立场，是角度——从幼儿发展的立场出发，重新建构幼儿园美术（欣赏）教育的学习途径与教师的专业水平与基本技能。

三、实践与体会

正是基于对当今教学现状的思考，对一线教师的困惑与焦灼的理解，多位教研员和一线教师组成科研团队，在海淀区艺术领域学科教研组的活动中，不断潜心研究分享课题研究成果、体验课题研究过程、接受课题专家指导，得到了丰厚的经验体会。

作为区级的学科研究指导组，我们依据《幼儿园教育指导纲要》的思想，以幼儿园美术教育目标为指导思想，从北京市幼儿园美术欣赏课题组的研究成果中，提取了较为突出的实践案例。以学科领域组里的区级骨干教师北京大学幼儿园的雷小娟、李惠萍老师所执教的大、中班的美术欣赏活动马蒂斯的《国王的悲伤》及梵高的《夜空》为例，幼儿园美术欣赏课程为我们学科领域研究小组提供了宝贵的研究经验。通过课程与实践的感悟，作为教研员与年轻的学科研修员无不为幼儿园构建与探索"美术欣赏"教育的新途径喝彩。

（一）营造美术欣赏安全、充满期待的环境

幼儿园欣赏"美术作品"一经出现，就必定以其独特、稀缺、适宜及其规范性，弥补了幼儿园美术（欣赏）教育内容资源不足的空缺，那一幅幅经过专家与研究团队精心甄选的传世名作（120多幅），亦中、亦外，无一不蕴涵着促进幼儿艺术欣赏能力发展的功能。

我们看到，在幼儿园的美劳区域空间里，因为有了中、西方现代艺术大师的作品，环境里流动着潜在的艺术气息，也因此变得越发生动有趣，这样的环境首先可以让幼儿在不知不觉间，感受着不同的美术作品所反映出的不同的美术教育元素（如线条、色彩、构图、明暗、笔触、肌理等）给人们带来的视觉冲击，还可以从多种多样的绘画材料和工具操作使用中激发幼儿体验并满足对艺术欣赏表现的需求，让幼儿大胆地感受、模仿、体验，继而思路开阔、方法创新，培养幼儿凭直觉将自己的想象、

情绪情感用绘画的语言充分表达、释放出来。这样有利于发挥儿童的创造性,并为培养幼儿终身的艺术教育修养奠定较好的基础。当然,这些幼儿作品在表现技能方面还十分粗糙、幼稚或不完整,但是它充满着天真烂漫、稚拙、单纯的情趣,因为它是孩子认识生活的真实反映,单纯质朴的情感的体现。这对于提高儿童早期绘画的积极性和主动性有显著的作用。

(二)教学中有效问题提出

在美术教学课程中,教师对欣赏问题的引入方式、教师预计幼儿感知作品的解决的方式、连锁追问与幼儿对话,艺术感受过程中轻松有趣的空间氛围创设、美术欣赏活动中幼儿分享、创造、表达表现的情境预设,促使幼儿发现问题、探索问题解决问题的"场",无不是通过教师以有效的问题提出展示出来的(这里的"场"指根据教育目标优化的环境、玩具材料等)。

如大班的美术欣赏作品中《国王的悲伤》,教师利用课件分别展示作品中的主体形象,引导幼儿感知作品中利用色块、线条过程的主体形态。进而引入有效问题的提问。你看到了什么?他是什么颜色的,这个形象主要是由线条组成的还是色块组成的?你觉得画家想表现的是什么?你们来学学他的样子吧……而在中班的美术欣赏活动梵高的《夜空》中,教师则以简洁、冼炼、启发式的提问,引导幼儿感受其画面中色彩、笔触、线条、形象所传达出的强烈情感,提问层层递进、由浅入深,恰到位的激发幼儿大胆地发表自己的见解,鼓励幼儿结合"想一想你想画的星星、月亮是什么样子的?你的心情怎样?",提醒幼儿用带有方向的短线连接方式作画,指导幼儿寻找适宜的材料创作《有星星的夜晚》作品。

在美术欣赏课程的执教过程中,教师正是通过人为地创造环境,提出有效的提问,继而达到优化教育目标的目的,并将解决的问题延伸、迁移到幼儿已有的知识经验中,这些都通过过程性的实践为我们曾经的困惑与焦灼,作了最好的诠释。

(三)尊重幼儿的兴趣经验及开拓教师美术(欣赏)专业教育的新视角

美术欣赏课程中,我们感受到在对幼儿完成美术欣赏教育的有效途径中,教师具备了更加专业的业务素养与教育能力。

(1)作为教师,应对符合研究框架的物质内涵(美术欣赏作品)有着比较专业的认知与了解,如对欣赏作品的表现手段——线条、色彩、构图、明暗、笔触、肌理等的感受；对欣赏作品特性的感受；对平面性、静态性、造型形式以及对幻觉性、多重性的空间展现的感受等，具体性、丰富性的描绘等方面都能给幼儿以恰到好处、适宜的指导，在又具备通过不同教育手段的综合运用，激发幼儿主动感知、观察"欣赏作品"及相关的教育能力。

如大班教师利用课件把《国王的悲伤》这幅作品用分割的方式在各个环节中充分引导幼儿与大师以及作品进行对话。让幼儿充分展开猜想，用自己的语言表达自己的想法和感受。老师对幼儿的回答，能够及时给予适时的鼓励与支持，老师通过加入体态动作，采用个别、集体表演的形式让每个孩子参与到活动中，感受作品的意境。中班教师针对《夜空》作品的教育欣赏，通过运用课件背景音乐的教育智慧，让幼儿通过旋律优美、静谧的夜曲，用直觉思维激发幼儿去感受、了解夜晚的景色，借此帮助幼儿理解大师梵高《夜空》作品的内容。同时还利用多媒体课件制作技巧从整体到局部等方法来表达、感受部分作品的内容和含义。

课程中教师巧妙利用多媒体的现代教育技术，将美术欣赏作品内容具体直观、由浅入深、由易到难、由具体到抽象地再现出来。我们看到教师能够从儿童欣赏的视角，从作品的趣味性、可接受性几个层面对大师的艺术作品经过多媒体放映，实现画面部分的组合、局部的优化，在整体优化的基础之上产生聚集部分画面的效应，从而促使幼儿对课程中欣赏的美术作品从整体到局部、再从局部到整体，有更清晰的、分层次的了解。

（2）教师的能力不仅仅是首先自己具备欣赏和鉴别大师作品的能力，更重要的是，对幼儿进行美术欣赏教育时，尊重幼儿，在顺应他们自然发展的前提下，用灵动符合幼儿年龄水平的方式对幼儿加以启发、引导，并适时选用综合有趣的教学或游戏方法完成整个教学过程。

我们可以感受到，在教学活动中，作为教师，首先应努力为幼儿创设一个宽松自然的美术欣赏环境，使其在身临其境中产生追求美与表现美的欲望和热情，从而积极地去观察、想象、表现乃至去创造。另外教师还要学会用儿童的眼光去解读大师的作品。

从实践中我们看到：从引导幼儿对艺术作品欣赏到教师执教课程策略的运用，只有教师具备较高的艺术素养及专业技能，才能有助于美术欣赏教学模式较好的实施。在欣赏课程过程中，教师由始至终贯穿了鼓励幼儿感受、体验、操作、表达表现的课程指导思想，以"幼儿发展"构建美术欣赏课堂教学基本技能。体现了摒弃以美术学科为本位（常规的范画、试教，画、剪、折）的思维模式。换之以追求激发幼儿感受、体验、操作、学习的内动力，重视对幼儿美术学习兴趣的建立和欣赏能力的培养，强调以幼儿生活感受、体验经验为主体过程的美术欣赏的探索活动，在主动感知、学习的过程中获取、知识、兴趣及能力。这既符合幼儿的年龄特点，也可以说是一种课程观念、课程方式、课程角度视野的改变，而这种改变为我们建构美术教学，尤其是幼儿园美术（欣赏）教育的基本技能提供了成功的范本与鲜活的经验。

四、未来的思考与期待

《幼儿园教育指导纲要》指出："老师首先要了解幼儿艺术学习特点。幼儿的艺术活动能力是在大胆表现的过程中逐渐发展起来的，教师的作用主要是在于唤起幼儿的情感体验。调动幼儿参与艺术活动的强烈愿望，激发幼儿感受美、表现美的情趣，丰富他们的审美经验，使之体验自由表达和创造的快乐。"正是在我们了解幼儿艺术学习特点上，促使我们进一步思考。

教学效率的优质、高效，离不开教学主体对象——幼儿的全程积极、有效的参与，作为教师，要努力创设更加积极有效的探索空间，让幼儿通过这个空间积极主动地将其外部活动逐渐内化为自身内部的绘画愿望与学习动力，这个过程是幼儿追求美、向往美、表达美的过程。瑞士心理学家皮亚杰曾说过："教学应是引起一种主动再建构或再创造的过程，使个体有效地同化的活动。"作为教师应如何使这个过程变得更加直接、具体、有趣、充满快乐，是长期需要研究探讨的问题。在幼儿接受美术教育的过程中，尤为是对幼儿美术教育本质过程的探索，建构积累有易于幼儿对美术欣赏作品感知、体验，表达表现的经验，进一步强化幼儿在美术欣赏活动中的主动地位，这种主动的实现需要适宜的条件以及幼儿愿意进行再建构新的美术学习经验产生的愿望和愿意发现或寻求能够满足自己发现的"客体"（绘画技能、欣赏水平、操作工具应用等）的支持。

作为一位教研员，我衷心的期待，在不久的将来能有更多的幼儿园、教师了解并使用幼儿园美术欣赏系列方案与教程,在提高教师专业修养的同时,帮助幼儿从人生的早期,建立或积淀良好的艺术素养,并有可能因为我们的努力为幼儿打开通往未来的艺术之门。

为了实现此目标,让我们共同努力!

第二节 幼儿园美术欣赏活动的实施
——园所管理工作经验

2009年伊始,芳庄第二幼儿园参与到北京市教育科学研究院早期教育研究所汪荃老师的《幼儿园美术欣赏活动的设计与实施》的课题研究中去,伴随着5年多的研究历程,我们从心底里感到,美术欣赏是教师引领幼儿感受美和创造美的重要形式,也是他们表达自己对周围世界的认识和情绪态度的独特方式。而美术欣赏作为幼儿全面发展教育中的一个重要组成部分,它以其特有的可视形象和色彩表现出大自然的美和社会生活的美,以其鲜明的形象性和强烈的感染力加深幼儿对周围世界的认识,并能激发幼儿的审美观念和创造智慧。因此美术欣赏是幼儿园教育中不可忽视的内容,不断地探索幼儿园美术教育的方法,也就成了幼儿教师的重要工作之一。

芳庄第二幼儿园一直秉承以计算机信息技术为载体,以美术欣赏为表现形式的幼儿园文化,现在幼儿园的环境以美术欣赏作品为主要内容,让环境美浸润孩子们的心灵。以下是我们的收获和体会与大家分享。

一、伴随课题研究,深入学习理论,找准研究目的

英国当代著名的艺术教育家赫伯特里德提出:美术教育的根本目的在于为儿童提供丰富多彩的教育活动,使他们的人格得到成长。里德强调美术教学应顺应儿童生来固有的潜力,教师仅仅扮演一个鼓励者,使儿童通过美术活动发挥潜能。在最新颁布的《3~6岁儿童学习与发展指南》中提出:"幼儿艺术领域学习的关键在于充分利用创造条件的机会,在大自然和社会文化生活中萌发幼儿对美的感受和体验,丰富其想象力和创造力,引导幼儿学会用心灵去感受和发现美,用自己的方式去表现和创造美。"

经典美术作品欣赏的教学策略研究将注重开展幼儿园多元化课程体系，将美术活动与幼儿园课程进行结合，带领孩子们在经典中徜徉，在大自然中感受美、体验美、表现美。如：在欣赏了吴冠中先生的作品《残荷新柳》之后，教师带领幼儿到大自然中写生，充分观察大自然的美景与大师经典作品的交相呼应，让孩子置身自然、置身经典，做到脑有所思，手有所致。

我们把美术欣赏活动的目的定位为：（1）通过经典美术作品欣赏的教学，引导幼儿喜欢美术活动；（2）通过各种自主性、探究性和体验性、交流性的艺术活动，多方提高幼儿的艺术感受能力，切实促进幼儿的身心健康成长和艺术素养的全面提高；（3）促进教师的教育观念与时俱进，提高教师的教育教学水平及教科研能力，更好地为教师的专业成长发挥积极的重要作用。

二、研究欣赏作品的背景知识，为教师开展美术欣赏活动奠定基础

在现在的美术教学中，欣赏活动所涉及的面非常宽广，包括造型、设计、应用、综合、探索等，欣赏的题材也是包罗万象。做好每一次欣赏活动就要以丰厚的艺术知识作为基础，那么我们需要哪方面的知识积累呢？我园就课题组提供的欣赏作品作为索引，列出一张美术教师的知识储备清单，帮助教师对照其中内容，反思自己的知识结构，针对个人薄弱环节加以补充学习。在我园列举的清单中，涉及欣赏画册中13位主要画家的生平，艺术风格以及创作背景知识，还涉及有关中国传统画的介绍，西方绘画史的介绍，以及有关美术创作的专业知识。

教师的知识储备还包括她们在学校学过的知识和技法，还有随着社会、经济、文化发展而流行的大众文化，例如我们在上面所提到的数字艺术、动漫艺术，这些知识有赖于教师在日常的学习中不断积累，从而获益。

三、研究美术欣赏活动中各年龄段幼儿表现出来的兴趣与技能，分析他们的行为表现，为引导他们的欣赏和创作奠定基础

幼儿的欣赏活动中的表达与他的思维水平有着密切联系，所以教师最关注的就是欣赏过程中孩子们的语言表达，从而了解他们对作品的理解和感受；另外就是孩子按照欣赏目标创作的作品，了解他们是否能将欣赏到的艺术要素用于自己的创作。

（一）了解与分析幼儿在欣赏过程中的语言表达

小班幼儿对作品色彩的关注度比较强，他们尤其喜欢回答教师对鲜艳、明亮色彩的提问，借此机会，教师就可以适时引导他们观察这些色彩在什么地方，有什么差别，以及色彩的大小、是什么样子等问题。这些问题对孩子们来说是显而易见的，因此他们很愿意回答老师。教师一方面重复他们的回答给予肯定，另外通过进一步的提问使回答得更全面，从而提升幼儿对作品艺术要素的关注，同时培养他们认真、仔细观察作品的习惯。

中班幼儿对作品中的形象开始感兴趣，他们喜欢给作品中的形象命名，想知道画家画的是什么？借此机会，教师就可以适时引导中班幼儿观察作品中的点、线、面的布局和色彩的运用，观察画家是怎样运用这些艺术元素去描绘物体或事物的，这样的画法和自己习惯的画法有什么不同？这样的问题调动了幼儿欣赏作品的积极性，他们可以清楚地告诉老师自己的习惯画法，而画家与自己有什么不同。于是教师进一步提问画家具体是怎么画的，从而引导幼儿深入地观察画面的各种创作要素。

大班幼儿开始关注作品中形象的象征意义，他们能区分出作品背景与绘画主体的区别，能感受到作品体现的均衡、协调、对称、独特、变化与统一等形式美。借此机会，教师就可以适时地引导幼儿观察作品中色彩、线条的搭配，物体的布局以及光线、笔触的运用，想象画家是怎样完成这样一幅画面的。这样的提问把幼儿平时在创作中的摸索——怎样画得好看、画得不一样、画得引人注目等问题揭示出来，顺其自然地打开了幼儿的思路。接着教师再引导他们探讨用什么绘画工具和方法，像画家那样创作一幅属于自己的作品。

当然，3个年龄班是既有区别又有联系的，随着研究工作的进展和教师经验的积累，教师在学期的不同阶段，面对不同的孩子，会巧妙地变换自己的问题，使每一次的活动，问题都能层层展开；使不同的活动，问题都能逐步深入。

（二）分析与评价幼儿作品的艺术要素与情感表达

每当幼儿创作完毕，教师都要带领他们展示自己的作品，对照前边分析过的欣赏作品的艺术要素，来观察分析幼儿自己创作的作品，看看他们是怎么表达自己的想法和情感的。

小班幼儿在初期阶段，通常只对自己的作品感兴趣。教师的最好办法就是在幼儿创作过程中及时点评。比如根据色彩表达的教育目标，肯定幼儿使用了高兴的（或安静的、平和的等）色彩，然后就在集体评价过程中提问，如：谁像画家那样使用了高兴的色彩，请把作品拿到前面来，大家看看画中的圆点高兴不高兴啊？或者提问谁的画使用了弯弯的线条，就像小草在轻声细语？这样的提问不仅能点中作品的关键，还有利于引导幼儿相互注意。随着教学进度的深入，教师逐渐通过对作品欣赏要素的提问，引导幼儿进行相互评价。例如提问：谁的作品更像是夜晚，小花都睡觉了？然后幼儿就会找出画面背景灰暗的、小花色彩淡淡的作品来。

中班幼儿欣赏作品的兴趣点开始有了比较明显的改变，他们愿意当众介绍自己的作品，让大家了解其中的特别之处。教师在满足了这些要求后，还可以适当地对画面中的形象和内容进行提问，这也是中班幼儿最感兴趣的。在欣赏了梵高的作品《圣马里海景》后，教师引导孩子们去表达一幅色彩丰富的动态的大海。除了模仿梵高表现的冬日海景外，他们有的画出了夏天的大海，还有的画出了早、中、晚不同时间的大海。夏天海的颜色是明亮的，太阳的光芒一层层在黄色系中充满变化；早晨的海则光线从左上方打来，照射到海面上呈现出彩虹般的变化；傍晚的海除了晚霞的红黄紫色系外，还加进了蓝绿色，显得既妖娆又神秘。教师及时抛出了你为什么这样画，这幅作品给我们什么感觉等问题，每个孩子都能讲一个他亲身经历的故事。是大师的作品启发了孩子的灵感，把他们头脑中深深存在的、过去想表达却不会表达的印象，终于完美地呈现出来。又例如，在欣赏了米罗的自画像后，大家把自己的作品都展示出来，共同观察哪幅作品像谁？除了服饰、发型等幼儿通常使用的创作方法外，教师更是从人物体现的气质和性格角度加以分析，让幼儿体会到什么是个性和情感的表达。

大班幼儿对欣赏作品的整体把握有了较强的能力，甚至能感受到作品所描绘物体的象征意义。适时引导他们欣赏和感受作品浓浓的情感，便是教师在大班时期所注重的。当孩子面对梵高创作的《文森特的椅子》时，教师就通过作品所表达的场景和物品、突出主体的构图和压抑的色彩等提出一系列的问题，使他们体会到画家是怎么表达对朋友的思念的，面对《夜晚的咖啡馆》，孩子们也能体会到画家对生活的怀旧之情。当老师要求他们画一件对自己有情感意义的物品时，孩子们便借鉴了大师的方法，用色彩和构图表达出了或快乐，或伤心或其他情感的作品。大班的孩子小肌肉发育已经比较成熟，能够在创作中使用较为精细的动作，这为他们更好地表达自己的想法，创作令自己更加满意的作品提供了机会。教师适时地引导他们欣赏大师作品中那些长或短、粗或细、直或弯的线条，欣赏作品中你中有我、我中有你的色彩，欣赏那些用大小不同的点、挥洒自如的线，或叠加或泼洒而成的面等创作方法，丰富了幼儿对美术创作的认识与理解，提高了他们的表达技能。

四、研究欣赏活动的基本程序

在以往的教学中，我们把美术活动的程序制定为五个：引起兴趣—出示范例—示范讲解—巡回指导—结束评价，这五个环节都是以完成技能要求为目的的。通过美术欣赏的课题研究，我们将这五个环节进行了顺序和内容的调整，以鼓励创新、激发创造为目的，形成了以下6个环节。

（1）出示名画——让幼儿整体感受作品，自由讨论对它的第一印象或感觉，使其成为诱发其创作动机、引导学习技能的推动力。

在面对大量的艺术作品时，幼儿的艺术偏爱和对作品价值的判断与成人有着很大的差距，但他们又往往表现出比成人更直觉和敏锐的灵感。因此，教师不能将自己的理解强行灌输给幼儿。教师应尽可能地鼓励幼儿畅所欲言，充分发挥他们的想象力和自由表达的能力。当新的作品出现在幼儿的眼前时，幼儿的情绪是非常激动的，有些孩子会冲到画的面前，非常迅速地说出自己的想法。此时，教师就要成为信息的接收器，接纳幼儿的想法，当幼儿对作品产生了疑问而寻求帮助时，教师可与幼儿展开讨论，通过一些启发性的语言，帮助幼儿与艺术作品进行对话，引导他们通过观察、想象把自己的理解和感受传递出去。如教师问：你认为这是什么呢？这根线条（图形）像什么？它代表什么意思……在这种平等、和谐、轻松、自由的环境中，幼儿的想象自由放飞，变得大方、自信、敢说、会说。

（2）要素识别——围绕作品内容、主题、与描述的故事情节等方面提出要素表达的问题，即这些意义画家是用怎么表达出来的？让幼儿边观察、边感受、边思考作品创作方法表现出的情感与意味。

（3）引导讨论——回到整体，师生共同参与讨论，引导幼儿从不同角度思考那些没有统一答案的问题。

（4）心理回忆与构思——这是承上启下的必要一环，让幼儿闭上眼回忆已欣赏过的视觉意象加深对作品的印象与感受。

（5）鼓励独创——鼓励幼儿按自己的体验大胆表现，把欣赏的经验结合进来，或学习借鉴画家的作画方式与表现手法，努力超越自我。

（6）作品评议——给幼儿展示作品的机会，让幼儿通过比较自己与同伴的作品，进一步体会美术要素的表达，产生自豪的体验与成就感。

五、研究在欣赏活动中实施幼儿与大师对话的方法

（一）问答对话法

问答对话法是教师以语言为中介引导、启发幼儿，与之交流欣赏作品的感受和看法的方法。在教师掌握了美术作品主题时，问答是一个师生之间、欣赏者与艺术作品之间互动的过程。欣赏者与艺术家的互动是艺术家有一种向欣赏者倾诉自己深切感受的愿望，欣赏者则从自己的心灵出发与艺术家、艺术作品对话。

此过程包括三个等级，最初级为讲解，第二级为问答，最高级为独立欣赏。选用哪一级须根据幼儿的年龄和欣赏水平而定。

虽然幼儿可以进行独立欣赏，但还是需要在教师的指导下进行，教师可以选择一些作品，先做一些欣赏提示，给幼儿足够的时间思考，让幼儿自己欣赏，最后用语言或其他方式将不同的感受表达出来。幼儿对事物已经有了自己比较稳定的态度，逐渐有了自己的特点。如男孩和女孩随着年龄的增长，男孩偏向机械类的、电动的物体，而女孩喜欢生动的、活的、形象漂亮的物体。每个人偏爱的东西不同，对审视美术作品角度和获得的审美体验也是不同的。

教师在掌握了作品欣赏的要点后，将这些要点转化成问题，再围绕这些问题进行讲解式提问。

首先叙述作品内容，欣赏一幅画是从观看开始的，指导幼儿欣赏一幅美术作品先观看和分析画面中的主要事物，看画面中有哪些主要形象，画家是用什么方式表达出来的，他们（它们）在干什么，猜猜会说些什么，然后分析他们（它们）的具体特征，他们（它们）之间的关系、他们（它们）和环境之间的关系，还要从空间上观察，哪个近，哪个远。

这样的问题引入，"你在画上看到了什么？"，引导幼儿认真观察，大胆、自由地讨论。在美术欣赏的过程中，教师的问题若过于具体，容易限制幼儿的观察思路，无法按照自己的兴趣和以往的认知进行。幼儿出现了有意地自觉控制和调节自己心理活动的能力。在认知活动方面开始掌握认知方法。比如，在观察绘画时，5岁以后儿童已不再胡乱地看，而是能学会按照一定的方向和路线（如从上到下、从左到右）依次扫视。教师提出开放式问题，幼儿从不同角度、不同视点对作品进行独立自由地观察、想象。但教师不是完全地放手，基于幼儿的社会认知和情感发展不具备高度独立的审美能力，需要教师及时地引导和归纳，和幼儿一起理清他们的观察顺序，让幼儿明白观察要有一定的顺序，自己所谈到的只是整个顺序中的一点，这样幼儿在以后欣赏美术作品时就渐渐意识到观察应该是有序的，而这个"序"可以有许多方向。可见，在美术欣赏过程中，教师一方面是对话活动的组织者，这体现在教师能够有效地调动和组织起自己与幼儿及作品之间的积极对话，另一方面教师又是幼儿发展的指导者，这体现在教师能够帮助幼儿在现有的知识、认识和领悟水平上有所提升。

然后，分析作品的形式与风格。分析作品的形式和风格主要是分析欣赏作品的构图、图形、线条、色彩、明暗关系。构图方式有放射式、螺旋式、三角式、水平式、垂直式、封闭式和外展式。4岁是幼儿感知图形的敏感期，具有良好的图形感知力；就对色彩效果的感受而言，也具有了一定的识别力。幼儿的年龄特点决定了其美术欣赏的特点。美术欣赏往更进一步的引导，是切实可行的，幼儿的能力发展为其进行美术欣赏奠定了基础。美术欣赏的教学侧重点应根据实际的教学内容，对不同的作品设计不同的问题。如果色彩是一大特点，则可以把色彩作为重点。在讨论色彩时可以提这样一些问题："这幅画的主色是什么？因为它是最明亮的，还是因为它是覆盖面积是最大的？主色处于什么位置？"与"是否有哪种颜色与周围的颜色存在对比关系？""画中的颜色表达了什么样的情绪？"等。

对作品的内容和风格了解之后才能更好地对作品做出情感上的共鸣。教师根据不同的情景编一些问题对幼儿进行引导。若教师提这样的一类问题："画中的人物在干什么，你觉得他们的心情怎样？"不同的幼儿对画面上内容的理解不同，表达的感受自然也就不同。幼儿对事物已有了稳定的态度，有了各自的偏爱，教师此时应持鼓励态度，对幼儿的积极行为给予鼓励。在美术欣赏活动中，没有唯一、绝对的正确答案，这便给幼儿提供了充分的自由联想、想象和创作空间。但另一方面，欣赏美术作品是有一定规律可循的，教师给予幼儿的反馈不能是什么都行，什么都是。如美术作品情感倾向，尤其是写实性的作品，人们对画面描绘的事物的识别，与作品情感的共鸣有一致的倾向性。①

教师首先承认幼儿各种不同的自我感受的合理性，在允许幼儿有不同感受的同时，又鼓励其他幼儿继续提出自己不同的见解，使幼儿通过讨论，得出相对更合理的结论。教师在谈话的过程中可以适时地提出自己的想法，如在谈话偏离我们的主题太远或讨论之后的结果有需要补充的。讨论的目的意在引导和提升，而不是硬性的说服，也不是压制不同的意见，使幼儿失去信心，不敢再大胆地发表自己的意见或养成依赖于教师的习惯。

幼儿有了情感上的体验，对作品的主题又有了进一步的理解之后，可以组织幼儿对绘画作品进行命名，提炼作品的主题思想。教师引导幼儿从画面的主要内容或对作品的感受等不同角度来概括。在幼儿每取一个名字后，教师都要做出适当的反馈。反馈中暗含着对起的名字的各种思路的启示，既要有评价作用，又要有提升意义。待名字起完后，教师组织幼儿对这些名字进行讨论，如"你们喜欢谁起的名字，为什么？"。讨论要民主，通过各抒己见，相互比较，既可以区分出更适合的名字，也可以深化幼儿对作品的认识和体会。适合的名字不是唯一的，可以存在多个。

（二）创作对话法

幼儿在欣赏活动中，教师用恰当的教学方式，不断调动幼儿的感觉经验、情绪记忆，使他们的感觉与情绪协调发展。这时，教师应给幼儿留有模仿、体验的过程，把欣赏与创作结合起来，可让他们模仿画家的作品，体验画家的创作过程及绘画方法与技巧，积累绘画经验，提高审美能力及绘画表现能力。

另外，幼儿在欣赏艺术作品时不是简单、被动地接受作品，而是对美的主动发现、追寻和创造，当幼儿对艺术家作品风格、表现形式、材料技法、创作过程、创作思想等方面有了较深刻的认识后，他们对作品必然会产生自己的看法，教师可以在欣

---

① 刘秀银,贾洁清,冯云.幼儿美术教育的创新与实践[M].北京:北京师范大学出版社,2010：16.

赏活动后有计划、有目的地让幼儿在实践的过程中发挥其创造能力，大胆地进行名画新作。这时，教师可以提出："你喜欢这幅画吗？为什么喜欢？"假如你是画家，你将怎样表现这幅画？你将如何修改这幅画？教师鼓励幼儿在创作过程中，不仅把大师作品所包含的内容通过自己的理解、领悟再现出来，还能根据自己的审美观念、经验对原来的形象进行补充、加工、深化、改造，使幼儿在这种创造活动中，艺术审美能力得到进一步的提升。

（三）综合对话法

通过多年的研究，我们发现：把美术欣赏活动融入孩子们的游戏和环境中，可以起到激发活动兴趣，提高感受能力的作用。

选择一些与美术作品有关的符合作品情景的旋律、诗歌、故事配合作品一起欣赏，可以调动幼儿的各种感官，运用多通道在不同的艺术形式中体会相同的事物或情感模式，展开丰富的想象。可采用的方法有：

（1）让幼儿边欣赏美术作品，边听音乐、故事、诗歌；

（2）在欣赏美术作品即将结束时，听一首符合情景的曲子、诗歌或故事，加强和升华欣赏效果；

（3）先听曲子、故事、诗歌联想画面，使幼儿感受艺术的共同规律。

综合欣赏法是结合与作品相关的其他领域，幼儿自发地寻找其中的联系，有助于幼儿对美术作品的理解。

六、成效与收获

通过对美术欣赏课题的参与，我园教师的美术教学理念在逐步更新，教学视野与能力有了明显提升，教育成果十分显著：幼儿园里艺术氛围装饰更加浓厚，班级环境创设评比，班级主题墙设计交流活动形成常规。各班的环境创设更加注重了幼儿与家长的参与性，获得了全园教师及家长的一致赞扬及肯定；而全园幼儿更是受益良多，他们不仅提高了绘画表达和审美能力，丰富了相关美术知识，还掌握了用绘画形式抒发自己的情绪情感的技能，变得更加开朗自信。

第三节 欣赏画教学实践模式的突破与创新
——教师教学活动经验

在幼儿园开展欣赏画教学一直都是许多老师不敢尝试的内容，我和参与欣赏画教学研究的这些老师们一样，也都带着相同的困惑开始了相关实践研究。通过参与美术欣赏教研的实践与研究，我们互相学习、互相沟通，从对幼儿美术欣赏知之不多，到尝试运用自己获得的知识经验，大家一起共同探讨美术欣赏的教学实践中的感悟与心得，这一切的一切都从改变老师自己开始。

一、改变从自己开始

最初的改变是丰富了老师们的与美术欣赏相关的学习理论，园里为参与实验的教师配备了《艺术欣赏》《给幼儿园教师的101条美术教育建议》《儿童美术欣赏教育研究》和《与大师对话》等书。

教研组的老师们通过相关理论知识的学习，认识到艺术世界的奥妙无穷，艺术与人性中最深层的东西是息息相通的。艺术教育从本质上是一种生命教育和情感教育。透过艺术可以充分地挖掘儿童的感性潜能，使他们的感性世界无比丰富。儿童美术欣赏作为现代儿童艺术教育的重要内容，在开阔儿童的视野，陶冶儿童的情操，净化儿童的心灵等方面起到独到的作用。美术欣赏的过程是幼儿通过与美术大师平等地"欣赏、理解、对话"，进一步完成自己的"感受、体验、创作"，让古今中外丰富的艺术营养滋润每一个孩子更艺术地成长。儿童欣赏画教学是一栋由几位儿童美术教育家合力建造的儿童美术的温馨小屋，样式传统又现代，陈设丰富而明快。每一位进入其中的孩子都会被热情的主人揽入怀中，感觉到美的情愫，被灵性抚慰，受智慧滋养，得艺术熏染……它对提高孩子们的美术技能和人文精神，培养孩子们的创造性发挥着重要作用。

通过学习我们还知道了什么样的美术欣赏活动能激发幼儿的兴趣。美术欣赏活动中怎样协调教师与幼儿、幼儿与幼儿之间的审美差异？美术欣赏活动中是否一定要将幼儿对作品理解引向画家表达的意思？美术欣赏活动中如何调动幼儿已有经验，

更好地理解画面？美术欣赏活动中怎样让每个幼儿都得到美的熏陶和培养？这些问题的一一解答打开了大家踌躇的心，很多老师都开始了自己的欣赏画教学实践。

图 3-1　教师学习研究理论知识

二、改变教学思路

有时候欣赏画教学，因其素材丰富，形式多样而让参研的老师们无从下手，从最开始的整体欣赏，到后来的提取局部元素进行对比欣赏改变了参研教师的教学思路，跳出模式化的教学形式。在欣赏马蒂斯的《国王的悲伤》这幅画时，大班的郑老师用元素提取的方法，引导幼儿从一个一个小的画面开始欣赏，最后组成完整的画面再进行整体欣赏。在欣赏波洛克的《数字23》时，引导幼儿从寻找画面中多变

图 3-2　幼儿自由创作作品

的线条开始，感受画家独特的绘画表现技法，并引发幼儿参与创作的愿望，改变教学思路让参与研究的教师更有思考的空间，同时也调动了幼儿用不同的视角去欣赏大师的创作。

三、改变支持策略

幼儿艺术活动的核心价值，支持、引导幼儿初步感受并喜爱环境、生活和艺术的美，喜欢参加艺术活动并能大胆地表现自己的情感和体验，能用自己喜欢的方式进行艺术表现，同样在欣赏画的研究中，欣赏后的表达也变得更为重要。小班的老师为了幼儿能用国画的方式表现小鸡，自制绘画工具海绵棒，请幼儿用大小不同的两根棉棒，拓印表现小鸡的头和身体，最后再请幼儿用棉签添画上尖尖嘴和爪子，这样栩栩如生的小鸡就跃然纸上！欣赏《奔腾的河流》时，中班的老师通过提供不同颜色、不同材质的半成品材料，简化表现技巧，降低表现难度，方便幼儿创作他们眼中的奔腾的河流。在欣赏画的教学实践中，教师们尝试改变不同的支持策略缩短和大师的距离，使幼儿更有成就感，更有创作的自信。

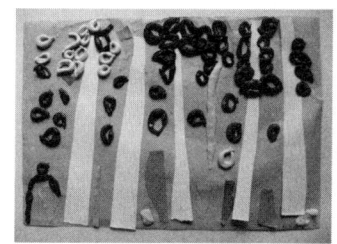

图 3-3　幼儿作品

四、改变评价方式

赏识是对幼儿创造力的肯定，更是开发幼儿创造力的催化剂。赏识幼儿每一次的创造，才能激发幼儿创作的兴趣，形成幼儿内在的创造倾向。所以教师如何评价幼儿的艺术创作也显得尤为重要。

幼儿的艺术学习应该在富有探索性、创造性的环境中进行。要鼓励幼儿的探索和表现，为幼儿创设自由、轻松、和谐、积极的环境和气氛。有创造性的人往往会因为自己的思想和行动偏离了常规而感到焦虑不安，幼儿也是如此。参研的教师注意选择适宜的语言，以一颗宽容之心来对待孩子"与众不同"的言行，让孩子在一种轻松、自由、愉快的环境中充分展示自己的艺术创造才能。同时借助同伴的评价资源，请幼儿说一说自己喜欢谁创作的作品，为什么？此时能得到同伴的赏识也是一件让人愉快的体验。

总是说世界每分每秒都在变，但是要改变自己的做事模式、思维习惯是一件很难的事情，通过欣赏画教学的实践研究让我们这些参研的老师也在学习中实践、在实践中反思、在反思中调整、再实践的过程中一点点发生改变。

下篇

小班美术欣赏教学的组织实施

- **055** 第四章 小班幼儿美术欣赏的年龄特点
- **058** 第五章 小班美术作品欣赏提问预设
- **099** 第六章 小班美术作品欣赏教学案例

第四章
小班幼儿美术欣赏的年龄特点

 小班幼儿运用色彩的特点

小班幼儿通常对周围环境中色彩鲜明的事物感兴趣。大部分幼儿已经能够辨认和区分三原色，能够关注作品中大面积的颜色和微小的变化，能用简单的词和句子表达自己对色彩的感受。在操作活动中，他们喜欢使用较大的工具进行大面积的自由涂色，但不善于运用色彩表达具体的事物。创设一个丰富的色彩环境；进行有情节、有趣的涂色游戏；尝试多种形式，让幼儿体验色彩的艺术魅力，这些对其色彩能力的培养有很大好处。在选色方面，小班幼儿也具有强烈的主观倾向性，他们偏爱色彩明快、鲜艳、饱和的色彩。涂色时会表现出男孩和女孩的差异性，男孩喜欢冷色调，如蓝色、绿色等；女孩喜欢暖色调，如红色、黄色、粉色、橘色等；但是红色是男孩和女孩都喜欢的颜色。开展欣赏教学，提高幼儿对颜色的理解力和表现力；鼓励幼儿大胆地用色彩表达自己的情感；采用游戏化的方式，引导幼儿尝试多种运用色彩表达的方法；运用富有弹性的教学方法，引导男孩和女孩既全面又有个性的发展。

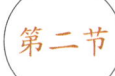 小班幼儿运用线条的特点

3岁左右的儿童，其美术能力的发展由涂鸦期开始进入到象征期。他们产生了美术表现的意愿，但这时的他们无意注意占主导，观察带有很大的随意性，观察比较笼统，会把线条、图形加以简单地组合来表现事物的大致特征，但是他们能表达的图形很少，所以"一形多义"是这个时期绘画的主要特征。相似的图形在儿童不同的作品中可能代表许多物体。如：画个圆圈，有时是太阳，有时是饼干，有时是水杯、小碗等。幼儿用圆表示一切符号，圆是这一时期最具有代表性的涂鸦符号。他们作

画时，常常边画边用语言来补充画画内容。这一阶段的儿童在绘画、构造手工活动中，愿意尝试各种新材料，表达熟悉物体的粗略特征。如一条直线旁边加上两根短线就是"一架飞机"。

这时幼儿对所要画的物体的轮廓也不太清楚。他们所画出的物体形象是很简单的，所描画的形象粗略一看根本就看不出是什么，而更像是某一种符号。随着个体生理和心理的发展，他们开始形成由点到线的连接，由于缺乏辨别方位的能力，思维缺乏稳定性，小肌肉控制能力弱，动作还不够灵活，加上他们绘画的目的不太明确，不清楚应该如何画，他们只是把绘画当成游戏以及表达自己内心感受的一种手段，他们愿意任意涂抹，画出的物体不太规范。看似幼儿只会持笔乱涂乱抹，其实他们是用画笔来表现自己心中的喜、怒、哀、乐，伴随着这种体验，线条就是幼儿简单直接地表现自己内心的一种绘画语言。只是，这时他们所创作出来的线条是以涂鸦为主的杂乱线。

到了小班的末期，幼儿从画原始的杂乱线和单一线逐步过渡到能够在具体的画面位置上，朦胧地表现出与客观事物和自己经验有联系的构成线。这种构成是以符号的形式来表现的。至此，幼儿具备了接受绘画创作和表现的条件。

第三节 小班幼儿运用构图的特点

3岁以前，幼儿的作品，画面的形象都是头朝上，脚在下，呈垂直式构图方式。其局限性是：有时在高处的东西，如太阳，常常画在了画纸的下面部分，而低处的东西，如小草，却画在了画纸的上面部分。直到3岁半左右，地平线的出现，地面上的东西才会沿地平线排成一排，画在纸的下面；天上的物体排成一排被幼儿画在纸的上半部分，这说明幼儿能区分上、下关系了。

小班幼儿在观察事物时没有明确的目的性，他们对所要画的物体观察的不是很仔细，多有遗漏。观察顺序也比较混乱，常常是碰到什么看什么，而且只看事物的粗略轮廓，因此在构图上呈现出比较典型的凌乱状态。从形象的主次关系看，小班幼儿常将物体一个个罗列在纸上，并且这些物体都是孤立的，画面上布满了各个毫不相干的形象和事物，这些形象都偏向于纸的边缘；这是因为他们在画画时常常边画边转动纸张所造成的。绘画对他们来说只是一种游戏，他们更多的是满足于绘画的这个过程，画面的结果对他们来说并不重要，重要的是把想画的东西都画上，把画纸都填满。能把自己想到的、感受到的东西都罗列到画面上，并且稍具形状，他们就非常兴奋了，这之后绘画便成为幼儿记录内心感受的主要表达方式。"像与不像""好不好看"在这一阶段并不重要。一幅画配上语言解释，只要是传达了幼儿的内心感受，它就是一幅好画。

在欣赏美术作品时，我们充分利用小班幼儿的绘画在构图上的特点，可以以游戏的方式欣赏一些构图方式较为简单的作品，如《元音颂》，其画面色彩简单，画面中的大大小小的圆形单一，又是幼儿熟悉并能绘画表现出来的，而在形象分布方面，符合小班幼儿散点式的绘画习惯，是幼儿熟悉并愿意表现出来的。

第四节　小班幼儿运用技法的特点

对于 3~4 岁的小班幼儿，其绘画水平还处在涂鸦期，如果欣赏的作品超出他们的能力范围，无疑就成了一种摆设。因此，欣赏作品的美术技能技巧要符合小班孩子的年龄特点。小班幼儿喜欢摆弄新奇的、易操作的工具和材料，并在操作的过程中体会乐趣。幼儿的小肌肉群发育迟于大肌肉群，手的精细动作发展差，手臂动作带动手腕操作，所以不能控制动作的方向性、准确性及力度。他们关注摆弄操作材料的过程，对操作结果并不在乎。

第五节　小班幼儿表现国画的特点

小班幼儿的绘画发展水平正处于涂鸦期，因此对于国画的表现则更需要多方面的感知，根据小班幼儿绘画水平有限的特点，对于小班幼儿而言更重要的是通过欣赏国画作品激发幼儿绘画的欲望，感受国画的意境美，在尝试表现国画的过程中，感知国画的绘画工具以及绘画特点。

第五章
小班美术作品欣赏提问预设

第一节 色彩欣赏提问预设

环绕蓝天飞翔的云雀——米罗

图 5-1　环绕蓝天飞翔的云雀

1.欣赏目标	（1）感知画面中简洁的色彩所产生的视觉协调美		
	（2）引导幼儿利用简单的间色体会自主创作的乐趣		
2.预设提问	引导重点	追 问	
（1）这幅作品好看吗？为什么好看？	感知画面的整体效果	①这幅画简单吗？为什么你觉得简单？（颜色简单，内容简单）	
		②简单的颜色给你什么感觉？你觉得它干净吗？漂亮吗？	
	感知画面色彩的搭配和构图特点	①画面上大面积的颜色有几种？它们是什么颜色？它们的面积一样大吗？	
		②有些很小的颜色你们注意到没有？它们有什么特点？（都有一个圈）它们的颜色一样吗？大小一样吗？	

续表

（2）这些漂亮的颜色让我们想到了什么？	引导幼儿感知色彩含义	①我们在生活中看到过这些颜色吗？它们都是哪些物品？ ②看到这些颜色的物品你觉得开心吗？哪种颜色最令你开心呢？
	帮助幼儿理解画面的点线构成	①画面中还藏了两种形状，你能找到它们吗？（点和线） ②你们觉得这些形状代表什么东西呢？ ③这两种形状放在同一个画面上是不是更好看了？它们看起来像什么？ 根据幼儿的回答教师补充他们遗漏的点，有目的地讲解画面
（3）猜猜画家在这幅作品中画了一个什么故事？	感知作品的名称和实际意义	①画家为他的作品起了一个好听的名字，叫《环绕蓝天飞翔的云雀》，你们找一找画家画的蓝天在哪里？云雀又在哪里？ ②蓝天上面的绿色像什么？绿色中的红点又是什么呢？
3.创作引导：这么好玩的画画方法我们也来试一下吧！	引导幼儿选择色彩	老师这里准备了几组颜料分别放在不同的桌子上，小朋友可以选择自己最喜欢的一组颜色去尝试画一幅既干净，又让自己开心的画
	强调色彩搭配的面积比例	反复强调色彩的面积，引导幼儿涂出大小不同的两种颜色；帮助个别幼儿构建创作思路，养成其自主完成创作的习惯
4.材料提供	水彩纸、水粉颜料、水粉笔	提供几组不同的间色（黄—绿，粉—紫，红—橘红）分别投放到绘画桌上，引导幼儿选择自己喜欢的颜色到相应位置进行创作
5.作品点评	画面铺满的程度	看看哪个小朋友的画涂的颜色最满？
	两种颜色比例一大一小	看看哪个小朋友涂的颜色是一大一小？

沙丘——蒙德里安

图 5-2　沙丘

1.欣赏目标	（1）观察作品的色彩，感知对比色带来的强烈视觉冲击	
	（2）尝试运用对比色进行创作	
2.预设提问	引导重点	追　问
（1）你在画面中看到了哪些颜色？	观察画面中的颜色并能进行区分	这些颜色都在哪里？请你指一指
（2）画面上部下部颜色有什么不同？	引导幼儿感知画面的颜色	①画的上部分是什么颜色？ ②这些颜色给你什么感觉？ ③画的下部分是什么颜色？ ④这些颜色给你什么感觉？
	上半部分颜色和下面部分颜色感觉有什么不同？	①比较上部分颜色和下部分颜色感觉有什么不同？（颜色冷暖、明暗对比，上部纯净均匀，下部丰富多变） ②它们的涂色方法有什么不同？
（3）画家的画叫《沙丘》，这幅画给你什么感觉？	观察整个画面，引导幼儿感受画面中对比色带来的视觉感受	①画家作品中的颜色给你带来什么感觉？（颜色鲜艳对比强烈，色彩跳跃，富有动感；整个画面的颜色有节奏富于变化） ②这是一个什么样的沙漠？
3.创作引导：我们也试着用这两种颜色画一幅这样的画吧！	强调色彩的单纯、简洁	用颜色时注意不要将颜色混在一起，选取的颜色不要太多
	鼓励幼儿敢于尝试用对比色进行色彩搭配	我们可以试试把不同的颜色搭配在一起，看看你画的作品与画家的有什么不同？

续表

4.材料提供	水粉纸、彩色绘画纸，颜料（中黄、橘黄、深蓝）、刷子、水粉笔	指导幼儿用水粉颜料在绘画纸上进行创作。你也画一幅沙漠里的风景吧！
	蓝色、橘黄颜色卡纸、砂纸，深蓝色、黄色、橘黄色油画棒	指导幼儿进行创作，注意对比色的使用
5.作品点评	颜色对比表现突出，画面富有动感	哪幅画的颜色搭配画面颜色鲜艳，富有动感？

夏天的景色——康定斯基

图 5-3　夏天的景色

1.欣赏目标	（1）观察作品中色彩的明与暗，感知画家对夏天炎热景色的表达	
	（2）引导幼儿运用明亮的颜色表达阳光下的炎热	
2.预设提问	引导重点	追　问
（1）你都在画面中看到了哪些颜色？	观察画面中的颜色并能进行区分	这些色彩都是什么颜色？请你指一指
	引导幼儿感知画面的颜色	①画面上什么颜色最多？ ②这些颜色都是什么颜色？

续表

（2）画面中哪些颜色是亮的？哪些是暗的？	观察画面中颜色的明暗变化	画面中哪些颜色是阳光照到的地方？哪些颜色是阳光没有照到的地方？
	引导幼儿感知亮的地方是有阳光照射的地方；暗的地方是阴影的地方	①画面中还有什么？它们是什么颜色的？ ②在生活中你见到过和画面一样的植物吗？它们是什么颜色的？
（3）画面中哪些颜色给你很热的感觉？哪些颜色给你很凉爽的感觉？	引导幼儿尝试理解色彩表达的含义	①画家画的是一幅夏天的景象，你能从颜色上看出来哪里给你很热很晒的感觉吗？ ②哪些颜色给你凉爽的感觉？这些颜色还能表示什么？
	感受作品的情感含义	这幅作品创作过程中画家的心情是怎样的？
3.创作引导：我们也试着用明暗不同的颜色画一幅夏天的景象吧！	鼓励个性化的创作	我们可以试试用什么颜色表现炎热的太阳？
	强调色彩搭配的规范性	用颜色时注意不要将颜色混在一起
	鼓励幼儿敢于进行色彩搭配的尝试	我们可以试试把不同的颜色搭配在一起，看看你画的夏天是炎热的还是凉爽的？
4.材料提供	深蓝、棕、墨绿色纸；亮色调的丙烯颜料；刷子；水粉笔	指导幼儿用明亮的颜色表达的绘画内容；指导幼儿适当添加背景色
	水粉纸和熟褐、群青、普蓝、柠檬黄、翠绿等水粉颜料；海绵块；报纸团	指导幼儿用拓印的方法创作夏天景象，注意明暗颜色的使用
5.作品点评	明暗对比表现突出的作品	哪幅画的颜色看上去更像炎热的夏天？为什么？

印象Ⅲ——康定斯基

图 5-4　印象Ⅲ

1.欣赏目标	（1）观察作品色彩中明与暗的对比，感知色彩带来的强烈视觉冲击	
	（2）引导幼儿运用明亮的颜色进行创作	
2.预设提问	引导重点	追问
（1）你都在画面中看到了哪些颜色？	观察画面中的颜色并能进行区分	这些色彩都是什么颜色？请你指一指
	引导幼儿感知画面的颜色	画面上什么颜色最多？这些都是什么颜色？
（2）画面中哪些颜色是亮的？哪些是暗的？	观察画面中颜色的明暗变化	画面上还有什么？他们是什么颜色的？
	引导幼儿感知明亮的颜色带来的感觉是什么样的？	大面积的黄颜色给你什么感受？
（3）画面中这些颜色表现的是什么？	引导幼儿尝试理解色彩表达的含义	①画家画的是他自己喜欢的景色，你能从颜色上看出来画的是什么吗？ ②这些颜色还能表示什么？请你说一说
	感受作品的情感含义	这幅作品创作过程中画家的心情是怎样的？
3.创作引导：我们也试着用明暗不同的颜色画一幅画吧！	鼓励个性化的创作	我们可以试试用什么颜色表现自己想画的东西？
	强调色彩搭配的规范性	用颜色时注意不要将颜色混在一起
	鼓励幼儿敢于进行色彩搭配的尝试	我们可以试试把不同的颜色搭配在一起进行创作

续表

4.材料提供	黄色、白色背景纸；黄棕色、绿色、黑色、红色等明亮色调的丙烯颜料；刷子；水粉笔	指导幼儿用明亮的颜色表达的绘画内容；指导幼儿适当添加背景色
5.作品点评	明暗颜色的表现突出	哪幅画的颜色看上去明暗对比强烈？为什么？

有红、黄、蓝、黑色块的构图——蒙德里安

图5-5 有红、黄、蓝、黑色块的构图

1.欣赏目标	（1）感知作品中简洁、单纯的色彩，体验作品带来的装饰性美感		
	（2）引导幼儿运用作品中的基本色进行创作		
2.预设提问	引导重点	追问	
（1）你都在画面中看到了哪些颜色？	观察画面中的颜色并能进行区分	①你说的颜色在哪里？请你用手指一指 ②还有谁发现了其他颜色？用手指一指	
	引导幼儿感知画面中颜色的多少	①你感觉画面上什么颜色最多？ ②什么颜色最少？ ③什么颜色不太多也不太少？	
（2）画面中大小不同的色块是怎么排列的？	观察画面中不同色块的大小	画面上的色块大小一样吗？谁大谁小？	
	观察画面中色块排列的规律	①哪些颜色占的面积大？哪些占的面积小？ ②它们是怎么排列的？	
（3）这幅作品带给你什么感觉？	感受作品中色块排列的绘画风格带给人的节奏感	①大的面积给你什么感觉？小的面积给你什么感觉？ ②画家作品中的颜色给你带来什么感觉？（颜色鲜艳明亮，格子大小有变化，简单醒目；整个画面有节奏富于变化）	

续表

3.创作引导：我们也试着用这样的色块来创作一幅作品吧！	鼓励幼儿运用色彩搭配的方法尝试创作	想一想你想要让哪个颜色多，哪个颜色少？不多不少的是什么颜色？
		多的颜色用在哪？少的颜色用在哪？不多不少的用在哪？
4.材料提供	画有大小不同格子的素描纸；红、黄、蓝、黑、白色水粉颜料；刷子；水粉笔	指导幼儿先选择最多的颜色来涂（顺序是：从上到下，从左到右） 指导蘸笔时颜色不要太多，涂色时不要将颜色覆盖 关注笔的使用，不同颜色的笔轮换着使用
	黑板纸（底色）；剪好图形的红、黄、蓝、白即时贴或彩色卡纸（大小与格子相同）	指导幼儿按照自己设计的颜色多少来有序粘贴，一种颜色贴完了，再进行下一种颜色 按照格子尺寸来选择大小对应的彩色纸
5.作品点评	颜色面积大小不一的作品	①哪幅作品中颜色的使用是有多有少？ ②什么颜色最多？什么颜色最少？
	颜色搭配效果明显的作品	哪些作品给你的感觉特别突出？为什么？

天空中蓝色的金子——米罗

图 5-6　天空中蓝色的金子

1. 欣赏目标	（1）感知画面中色彩冲突和协调所产生的视觉美	
	（2）引导幼儿尝试运用三原色及黑色进行色彩创作	
2. 预设提问	引导重点	追问
（1）你在画中看到了哪些颜色？你感觉最明显的颜色是什么？	鼓励幼儿用学过的方法观察画面中的红黄蓝三原色形成的对比	①画面上都有什么颜色？ ②哪种最多？哪种最少？你们觉得这样好看吗？（幼儿会有色彩偏爱）
	观察颜色搭配的方法，感知黑色的使用所造成的视觉感受	①哪种颜色最多？哪种最少？ ②画面上没有黑色部分会好看吗？（提前准备无黑色的作品） ③为什么？你觉得黑色像什么？
（2）画面中还有什么？像什么？点是堆在一起的，还是分散的？	观察线条的出现，猜想线条的意义	①画面上有线条吗？它们有什么不一样？ ②你觉得这些线条像什么？ ③你从哪里看出来的？
	观察其他点和符号的出现，鼓励幼儿说出象征感受	画面上还有什么？它们是什么样？ 点是堆在一起的，还是分散的，你是怎么看出来的？请你指一指
（3）教师总结并补充	理解作品的情感意义	幼儿表述他们理解的作品
		教师针对幼儿年龄进行补充
	发觉画面中的情趣因素	这幅画的内容有趣吗？你是怎么想的？
3. 创作引导：你也和画家一样画一幅你想画的画吧！	鼓励个性化的创作	强调色彩表现的面积和颜色的饱和度
	强调色彩搭配的比例	小朋友们这些颜色画的是一样大的吗？注意他们的不同
	鼓励创造自己的符号，表达自己的想法	①一会我们请画完的小朋友给我们讲一讲他画的是什么？ ②你们看看谁画得最好玩？
4. 材料提供	绘画纸、水粉、刷子、毛笔、墨汁、细绳	指导幼儿刷出大面积的背景颜色 指导幼儿涂出其他两种背景色 指导幼儿用毛笔和线墨拖拽的方法进行黑色添加
	彩色背景纸、有色毛线、黑色纸、胶水	指导幼儿用综合材料创作的方法创造自己的作品 指导幼儿探索拼贴方法（注意线类黏合操作的简便性） 指导幼儿用品铁符号表达的内容
5. 作品点评	画面的完整度和表达的充分度	①哪幅作品画得最好看，表达的想法最多？ ②哪幅作品颜色最满？最漂亮？
	幼儿创想的独特性	哪幅作品的符号、线条最有意思呢？

追随两颗行星游走的头发——米罗

图 5-7　追随两颗行星游走的头发

1. 欣赏目标	（1）感知画面中色彩的简洁与色彩面积对比产生的视觉协调美	
	（2）引导幼儿利用简单间色体会自主创作的乐趣	
2. 预设提问	引导重点	追　问
（1）你从画面中看到了哪些颜色？哪种颜色最多？	帮助低龄幼儿学习简单的观察方法（简单的逻辑顺序）	①小朋友们在这幅画上都看到了什么颜色？ ②上面是什么颜色？下面是什么颜色？中间的颜色谁认识？
	引导幼儿区分颜色的细微区别，鼓励幼儿自主参与教学	①画面上什么颜色最多？还有什么颜色你觉得特别好看？为什么？ ②有没有长得很相近的颜色？在哪里？
（2）画面中还有什么？你觉得它们像什么？（从形状出发）	观察具体形状，表述自己的感受，避免主观干涉	①画面中都有什么奇怪的形状？ ②你们在生活中见过这个样子的物体吗？还有什么？
	观察其他拼贴符号的出现，感知它们的表征意义	①这些黑色的点线像什么？ ②那些比较大的形状像什么？ ③它们组成了什么？
（3）大家来说说你们觉得画家表达的是什么好玩的故事？	感知作品的名称和实际意义	教师补充幼儿遗漏的点，有目的地讲解画面 对于色彩的使用可反复进行不同的引导（加深颜色的使用概念）
	引导幼儿准备创作	大家现在也想一下我们一会儿用这种办法来画什么？

续表

3.创作引导：我们快一点把我们的好主意画出来吧！	鼓励个性化的创作	你们每个人的想法都不一样，我们快点画在纸上吧！（肯定幼儿的想法，帮助幼儿完善）
	强调色彩搭配的面积比例	展示色彩合理搭配的幼儿作品；反复强调色彩的面积
	鼓励创造自己的符号，表达自己的想法	帮助个别幼儿构建创作思路，养成其自主完成创作的习惯
4.材料提供	绘画白纸、水粉颜料、油画棒、水粉笔、水彩笔	指导幼儿尝试探索油水分离的表达方法；水粉颜色提前由教师准备，使用两种间色；指导幼儿用黑笔进行细节符号添加
	白色卡纸、幼儿用喷漆、棉纱条、丙烯颜料、排刷、记号笔（油性）	指导幼儿在白卡纸上使用排刷涂画出面积较大的颜色 指导幼儿利用棉纱进行局部遮盖，使用喷漆添加小面积颜色和肌理部分 指导幼儿用记号笔完成剩余添加
5.作品点评	色彩搭配协调	哪幅作品表达出了面积大小不同的颜色呢？这样的颜色给了你什么样的感觉？
	符号表达有个性	哪幅作品画的形状最有意思？

第二节 线条欣赏提问预设

风景画作品——康定斯基

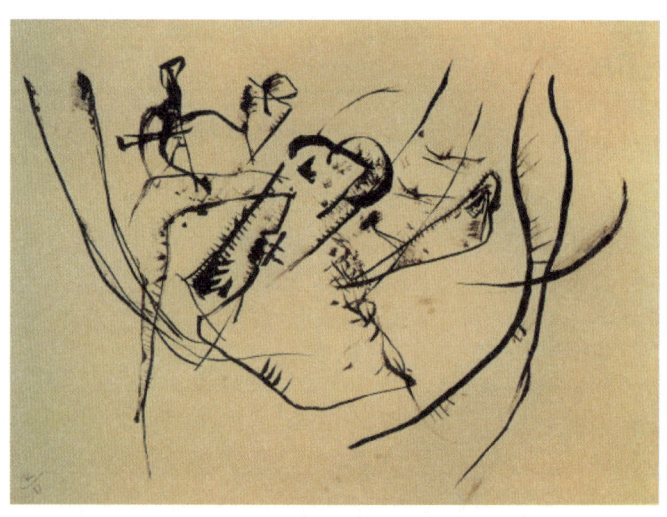

图 5-8 风景画作品

续表

1.欣赏目标	(1) 观察线条，感知作品中线条多样性变化产生的美感	
	(2) 运用富有变化的线条进行创作	
2.预设提问	引导重点	追问
(1) 画家画的是一幅风景画吗？	引导幼儿观察画面中线的疏密变化，想象画家画的风景是什么？	你能说说画面中的这些线画的是哪里的风景，你从哪里看出来的？请你指一指
(2) 你画过这样的画吗？	引导幼儿表达自己画画的感受	你也说说自己画的风景
(3) 画家创作时的心情是什么样子的？	感知作品的情感内容	①画家为什么要创作这幅作品呢？ ②他画画时的心情是什么样子的？是平静的，还是烦躁的？是忧伤，还是高兴的？
3.创作引导：我们也用变化的线创作一幅富有动感的画面吧！	引导幼儿运用弧线、直线，构成一幅富有动感的画面	引导幼儿用变化丰富的线条表现画面，线条可以有重叠；颜色以醒目的深色为主，如黑色、藏蓝、墨绿、深棕等
	鼓励幼儿大胆自主创作	看看谁的线条画得最有趣，富有变化，我们可以让小朋友猜猜你的线条画的是什么风景？
4.材料提供	浅色纸、油画棒、粗记号笔、炭条	指导幼儿用不同粗细的彩笔表现富有动感的线条，进行创作
	广告色（黑色、红色）、水粉笔、颜料盘、牛皮纸、棉签	将毛笔蘸广告颜料进行画的创作，或用棉签蘸上较稀的颜料进行线条创作
5.作品点评	画面线条表现得是否富于变化、有动感	我们看看哪幅作品的线条变化多，风景最美

小小的希望——米罗

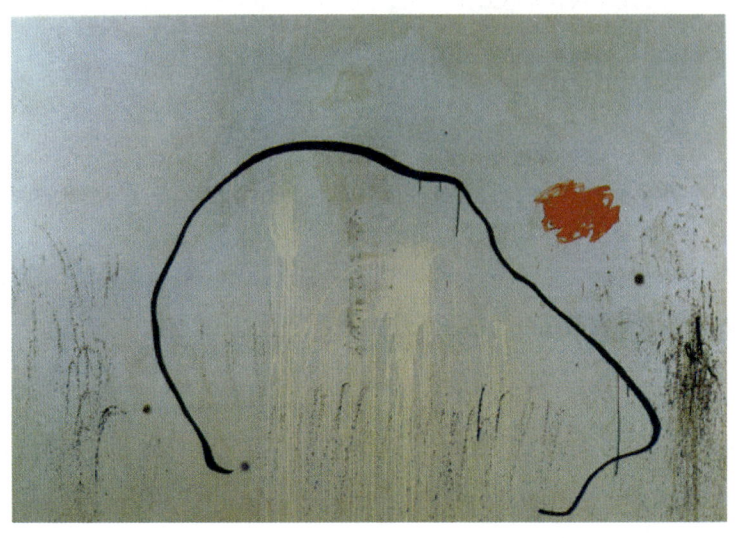

图 5-9 小小的希望

1. 欣赏目标	（1）观察作品，感知作品中线条的变化和简洁美	
	（2）运用简洁而富有变化的线条进行创作	
2. 预设提问	引导重点	追问
（1）你在画面中看到了一条什么样的线？	观察画面，引导幼儿尝试自主发掘画面中简洁线条表达的造型	①生活中你见过这样的线吗？它像什么？ ②画面中还有其他的线吗？ ③它们都是什么样子的？
（2）这幅作品和《风景画作品》中的线条有什么不同？	引导幼儿观察画面中线的变化和背景中线条的变化	①画面上有线条吗？它是什么样子的？ ②这幅作品中的线和《风景画作品》中的线一样吗？有什么不同？ ③背景中的线是什么样子的？颜色有什么不同？
	感知点在画面中的作用	①这幅作品中有点吗？它是什么颜色的？ ②表达了什么意思？
（3）画家创作时的心情是什么样子的？	介绍作品名称：《小小的希望》，引导感知作品的情感内容	①画家为什么要创作这幅作品呢？ ②他画画时的心情是什么样子的？是安静的，还是热闹的？是忧伤的，还是高兴的？
3. 创作引导：我们也用简单的线画一幅画表达现在的心情吧！	引导点线面构成一幅简单的画面，线条要有变化	引导幼儿用简单的线条表现，画面主体一定要画大
	鼓励幼儿尝试用线条表达心情	看看谁的线条画的最有趣，富有变化？我们可以让小朋友猜猜你的心情

续表

4.材料提供	彩色绘画纸（米色、灰色）、水溶性油画棒、粗记号笔、牙刷、棉签	画完变化的线条后，指导幼儿用油画棒创作背景，最后将要表现的线条展现在画面中；指导幼儿用牙刷将水溶性油画棒进行处理，添加背景
	砂纸（黑色、棕色）、油画棒、粗记号笔	直接在砂纸上用深色油画棒颜色表现弯曲的线条，用浅色油画棒表现背景线条
5.作品点评	主体线条表现得是否充分，是否能表达出自己的心情	我们看看哪幅作品的符号、线条最有趣？他画的是什么样子的心情？

数字23——波洛克

图5-10 数字23

1.欣赏目标	(1)观察线条，感知作品中线条的多样性变化所产生的运动美	
	(2)运用富有变化的线条进行创作	
2.预设提问	引导重点	追问
(1)你在画面中都看到了什么样的线？	观察画面，引导幼儿尝试自主发掘画面中变化的线条表达的造型	①画面中都有什么样的线？（长线、短线、弯曲的线） ②生活中你见过这样的线吗？它像什么？ ③画面中还有其他的线吗？它们都是什么样的？
(2)这幅画中的线条给你什么感觉？	引导幼儿观察画面中线的疏密变化给人带来的不同感受	①画面中的线条疏密程度一样吗？ ②密的线条给你什么样的感受？ ③稀疏的线条又给你什么样的感受？
(3)画家创作时的心情是什么样子的？	感知作品的情感内容	①画家为什么要创作这幅作品呢？ ②他画画时的心情是什么样的？是安静的，还是热闹的？是忧伤，还是高兴的？
3.创作引导：我们也用变化的线条创作一幅富有动感的画吧！	引导幼儿运用曲线、弧线、直线构成一幅富有动感的画面	引导幼儿用丰富变化的线条表现画面，线条可以有重叠，颜色以红、黑、绿、黄为主
	鼓励幼儿大胆自主创作	①看看谁的线条画得最有趣，富有变化？ ②我们可以让小朋友猜猜你画的线条在做什么吗？
4.材料提供	浅色纸、油画棒、粗记号笔、彩色水笔	指导幼儿用不同粗细的彩笔表现富有动感的线条，进行创作
	广告色（黑色、红色、绿色、黄色）、弹珠(大小不同)、水粉笔、颜料盘、长方形纸盒、棉签	将弹珠蘸上广告颜料进行滚珠画创作，或用水粉笔蘸上较稀的颜料进行线条创作
5.作品点评	画面线条表现得是否富于变化？	我们看看哪幅作品的线条变化多，最有趣？

无题——波洛克

图 5-11　无题

1.欣赏目标	（1）观察线条及图形，感受两者变化组合产生的美感	
	（2）大胆尝试用线条和图形的变化组合进行创造	
2.预设提问	引导重点	追问
（1）你在画面中看到了什么？	观察画面，引导幼儿发现线条的粗细长短变化，以及与图形和颜色的关系	①画面中都有什么样的线条？ ②除了线条还有什么？（圆形）它们在线条的什么位置？ ③线条和圆形颜色都一样吗？作品是怎样安排这些颜色的？
（2）这幅画中的线条和图形给你什么感觉？	引导幼儿观察画面中线条和图形的变化组合给人带来的不同视觉感受	①粗粗细细的线条在画面中像什么？ ②这些不同大小和颜色的圆形又像什么？ ③这些线条与圆形组合在一起有什么感觉？
（3）画家用什么材料表现的这幅作品？	引导幼儿想象出可能的材料进行创作	①你觉得画家是用什么材料完成这幅作品的？ ②你想用什么材料来进行创作呢？
3.创作引导：我们也来创作一幅这样有意思的作品吧！	引导幼儿运用不同的线和图形，变化组合出不同作品	你想用什么样的线和图形进行创作？
	引导幼儿选择适宜的材料进行创作	你觉得哪些材料适合表现这幅作品？

续表

4.材料提供	彩色卡纸、水彩笔、油画棒、长短粗细不同的纸条、各种卡纸图形、胶棒、棉签、水粉颜料	鼓励幼儿选择自己喜欢的适宜的材料进行创作
5.作品点评	画面与材料的选择是否有想象	①哪幅作品最有意思？ ②哪幅作品用的材料最有想象力？

花——吴冠中

图 5-12 花

1.欣赏目标	（1）引导幼儿感受使用相近线条的不同方向带来的视觉美感	
	（2）培养幼儿用不同形态的线条表达生活中的情趣	
2.预设提问	引导重点	追 问
（1）小朋友从画面中看到了什么？好看吗？	引导幼儿发现画面的实际表现内容	①在这幅画上小朋友们都看到了什么？ ②它们都是什么颜色的？
	引领幼儿感受画面中的美感	①小花开在什么颜色的背景上？你觉得它像是什么？ ②黑色背景上的小花给你什么感觉？
（2）它们是用什么形式表现的？	鼓励幼儿自主观察画面中具体物体的具体表现形式	①小朋友们仔细看看画面里的花朵长得一样吗？哪里不一样？ ②这些美丽的花是怎么画出来的？ ③我们仔细看看还有哪些没被发现的地方？
	鼓励幼儿寻找和区别线与点的不同之处	①这些线条和色块（点）组成的花是一样的吗？ ②你们觉得它们有什么不同？哪里不一样？ ③画中细细长长的线条是什么？为什么？小花的花杆都一样吗？ ④它们有什么不同？它们在做什么？

续表

（3）你们觉得画家为什么这样画？	引导幼儿感知画家创作作品的情感成分	①你们觉得画家是什么时候画的这幅画？ ②他为什么会画这幅画？ ③他画的时候开心吗？为什么？
	引导幼儿准备创作	如果我们也用这种简单的方法来画我们的花，你们准备好了吗？
3.创作引导：我们也画一幅漂亮的画吧！	鼓励幼儿说出自己见过最漂亮的花	①说一说你见过什么样的花？什么颜色？ ②每个小朋友的想法都不一样，我们快点画在纸上吧！（肯定幼儿的想法，帮助幼儿完善）
	鼓励幼儿尝试使用绘画工具	帮助不敢使用工具的幼儿尝试使用
4.材料提供	黑色卡纸、各色布片、线绳、胶水、彩色粉笔	指导幼儿构思画面和布贴的制作顺序 选择合适的材料进行拼贴 用彩色粉笔进行色彩添加
	油画框、油画颜料、画笔、筷子	指导幼儿在画布上以色块形式处理背景色 引导幼儿用筷子刮出线条 对用笔有想法的幼儿，可添加花瓣和色彩点
5.作品点评	色彩搭配协调	①哪幅作品表达出了面积大小不同的颜色呢？ ②这样的颜色给了你什么样的感觉？
	符号表达有个性	哪幅作品中花的形状最好看？

女人Ⅲ——米罗

图5-13　女人Ⅲ

1.欣赏目标	(1) 感受闭合曲线与开放曲线在色彩组合中所产生的视觉美感	
	(2) 引导幼儿尝试运用线条表现具象图形	
2.预设提问	引导重点	追问
(1) 你从画面中看到了哪些颜色？你们知道这些漂亮的颜色画的是什么吗？	引导幼儿以色彩进入观察（培养幼儿的多种观察方法）	①小朋友们都看到了什么颜色？画家用这些颜色画出了什么形状？ ②它们组成了什么？
	理解画面主体所表达的具象含义	①你们觉得这些彩色的圈放在一起像什么？ ②试试看能找到她的鼻子、眼睛、嘴巴吗？ ③你们觉得这样画好看吗？
(2) 画面中有线条吗？和我们以前看的线条有什么不同？	观察画面主体，找出色彩覆盖的仍然是线条的部分	①用手指一指画面中这个人穿的彩色衣服在哪儿？ ②这些线条和红、黑色线条一样吗？有什么区别？ ③除了线条还有什么？
	理解色彩只是线条绘画体现的一种具体方法	①这幅作品和我们以前看到的线条作品有什么不一样？ ②色彩丰富的线条好看吗？
(3) 想一想我们今天用这种方法画谁？	感知作品的名称	这幅作品名字叫《女人Ⅲ》，和你以前画的妈妈一样吗？（教师总结幼儿观点，对色彩与线条部分进行简化补充）
	引导幼儿准备创作	你想用这种方法画谁呢？
3.创作引导：我们也一起来试着用这种方法画一幅画吧！	鼓励个性化的创作	每个小朋友的想法都不一样，我们快点画在纸上吧！（肯定幼儿的想法，帮助幼儿完善）
	强调线条的色彩变化的	展示运用彩色线条合理搭配的幼儿作品
	鼓励幼儿表现自己所认识的人	帮助个别幼儿构建创作思路，养成其自主完成创作的习惯
4.材料提供	水彩纸、水彩颜料、水罐、水彩笔、墨汁	指导幼儿尝试探索水性颜料的使用；背景色的水分多于前面的颜色；最后用墨汁添加黑色（颜色配发顺序由浅入深）
	噪音板、水性颜料、排刷、油画棒、色粉笔	指导幼儿使用排刷和水性颜料处理背景 指导幼儿指导幼儿用油画棒完成主体 指导幼儿用色粉笔完成剩余添加
5.作品点评	作品表达的完整度	哪幅作品画的人最好看？（分析人物五官、四肢等）
	对工具的掌握程度	小朋友们谁会自己主动换笔来画作品？

第三节 构图欣赏提问预设

元音颂——米罗

图 5-14 元音颂

1.欣赏目标	(1) 观察画面中的散点式构图方式,感受画面带来的均衡美感		
	(2) 运用不同的点和线尝试表现构图均衡的作品		
2.预设提问	引导重点	追 问	
(1) 你在这幅作品中看到了什么?	观察画面中的各种点	画面中你看到了哪些圆点?它们是什么形状的?用手指一指	
	观察画面中各种线	作品中你都看到了哪些线?它们是什么样的?用手指一指	
(2) 画面中的点和线都在哪里,请你指出来	感知画面中点和线的分布	画面中的点和线都在哪里?它们是挤在一起的,还是分散的?	
	感知画面中点、线分布的统一变化	①画面中的点和线是整齐排列的,还是自由分散的? ②生活中什么现象像是这种构图?是否像花园中小草和小花?海底中的珊瑚和鱼?	
(3) 这样的构图方式给你什么感受?	体会作品的散点式构图产生的均衡美	③你觉得这样的构图好看吗? ④给你什么感觉?(均衡、舒服)	

续表

3.创作引导:我们也用这样的构图方法画一幅画吧!	强调构图的均匀与变化	圆点的大小要差不多，还要有一点变化才好看 线条的长短粗细要差不多，还要有一点变化才好看
	强调色彩的均匀与变化	注意要色彩搭配着画 先使用一种颜色在纸上分散画均匀了，再换另一种颜色，使画面上各个地方都能有各种颜色
4.材料提供	刮画纸、竹笔	引导幼儿用刮的方法表现散点式构图
	黑卡纸、油画棒、丙烯颜料、水粉笔	用油画棒进行创作相对容易，提示幼儿构图方式。丙烯颜料创作时图形用颜料，线条可以使用油画棒表现。
	黑色KT版、纸球、毛线绳、胶水	引导幼儿探索粘贴的方法 帮助幼儿将作品黏合结实
5.作品点评	敢于探索新的材料和工具	谁使用彩色纸团进行的创作？我们大家看一看有什么不同？请你来谈谈感受
	幼儿的创作思路的完整性，散点式构图突出	谁的作品用的散点式构图，画的自由活动的小图形？

年轻女孩的肖像——米罗

图 5-15　年轻女孩的肖像

1.欣赏目标	（1）感知画面的构图表现形式，体会画面的均衡	
	（2）尝试运用这种构图方式进行创作	
2.预设提问	引导重点	追　问
（1）在这幅作品中画家画的是一个什么样的人？	观察画面，感知主要内容	谁看出这是一个人了？你是怎么看出来的？猜猜这是个小孩，还是大人，还是老人？
（2）画家画的是整身还是半身画像？	观察画面内容，感知人物动态	你觉得这个女孩在干什么？画家为什么要这样画？她的表情是什么样子的？（伤心、惊讶、快乐）
（3）画面中的构图方式给你什么样的感受？	鼓励幼儿说出对突出主体的构图方式的感受	这个女孩在画面的什么位置？她的头在哪，身子在哪，帽子在哪，头发在哪，这个女孩还能画得再大吗？你是怎么判断出来的？画家这样画画给你什么感觉？
3.创作引导：我们也用这样的构图方法创作一幅作品吧！	鼓励幼儿使用突出主体的构图方式进行创作	看看谁能在纸上画一个大大的自己，想想怎么画才能画出自己很重要？
4.材料准备	黄色卡纸、黑色、红色丙烯颜料、水粉笔	提示幼儿构图方式，运用丙烯颜料创作表现
	黄色卡纸、剪好的小人、帽子、胶棒	请幼儿将剪好的小人各部分组合进行粘贴，注意观察作品的构图方式，尝试表现平衡、突出主体
5.作品点评	幼儿的创作思路的完整性，主体构图突出	谁的作品摆放的位置和画家的作品一样，是个年轻的女孩？

游泳的人——毕加索

图 5-16　游泳的人 © Succession Picasso 2015

1.欣赏目标	(1) 感知画面的构图表现形式，体会画面的均衡	
	(2) 尝试运用这种构图方式进行创作	
2.预设提问	引导重点	追问
(1) 在这幅作品中你们看到了什么？	观察画面中的形象，讨论对形象的感觉	①画面中你看到了什么？ ②感觉像是什么？你是怎么看出来的？他在干什么？
	观察画面内容，感知人物动态	①你能看出这是一个游泳的人吗？ ②他的头在哪里？手、胳膊、腿又在哪里？ ③他在往哪里游？你是怎么看出来的？
(2) 作品的构图方式给你什么样的感受？	感受突出主体的构图方式，体会醒目、简洁的表达方式	这个人在画面的什么位置？ 画家这样画画给你什么感受？（醒目、简洁、一目了然）
(3) 这幅作品带给你什么感觉？	谈谈对人物姿态的感受，进行交流	他害怕游泳还是喜欢游泳？为什么？ 人还有什么姿势也像这样？（跳舞、做操、打喷嚏）
3.创作引导：我们也用这样的构图方法创作一幅作品吧！	鼓励幼儿使用突出主体的构图方式进行创作	①看看谁能在纸上画一个大大的人？ ②这个人的身体特别舒服，胳膊和腿都自由地伸展着，充满了整个画面，这个人在干什么？一会请小朋友告诉我们

续表

4.材料准备	蓝色卡纸、黑色水笔、红色油画棒、丙烯颜料、水粉笔	用单色笔进行创作相对容易,提示幼儿构图方式;丙烯颜料创作主体,线条可以使用油画棒表现
	蓝色卡纸、剪好的小人、胶棒	请幼儿将剪好的小人各部分组合进行粘贴,注意观察作品的构图方式,尝试表现平衡
5.作品点评	主体构图突出,人物姿态自由自在的作品	哪幅作品中人物摆放的位置和画家一样? 哪幅作品中的人动作特别舒展?

蓝色Ⅰ——米罗

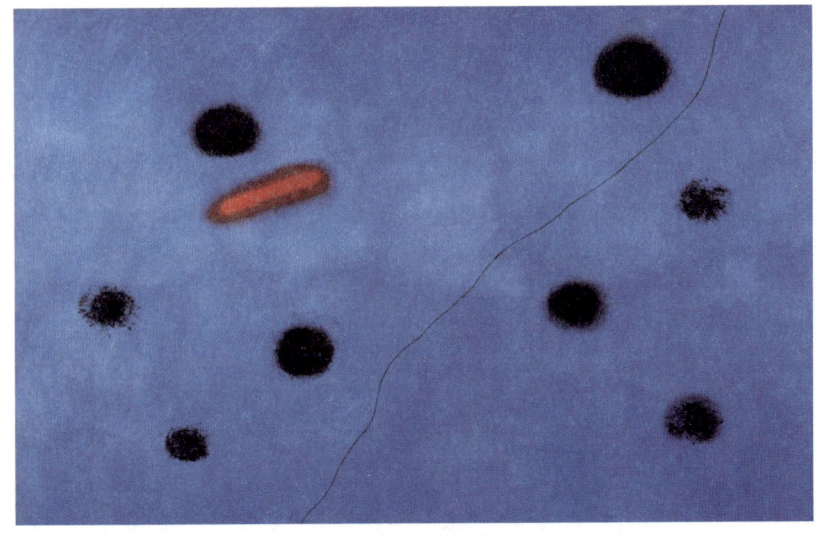

图5-17 蓝色Ⅰ

1.欣赏目标	(1)观察作品中点线的运用和分布,感受点线在画面摆放的结构美	
	(2)引导幼儿尝试有目的地进行绘画布局	
2.预设提问	引导重点	追问
(1)你从画上看到什么?	帮助低龄幼儿构建早期简单的观察方法(对比观察)	①这些球球是一样的吗?颜色一样吗? ②形状有区别吗?
	引导幼儿感受画面布局	①它们排列得整齐吗? ②它们是怎样排列的?

（2）画面中黑色的部分像什么？它们是紧密的还是分散的？	观察具体的形状表述自己的感受	这些黑色的球球在一起像什么？分开看呢？
	引导幼儿尝试解读画面的具体含义，并感受引申含义	①这些黑色的球球和红色的球球被分隔开了，你觉得它们表达了什么样的意思？ ②它们与深色背景有怎样的联系？
（3）画面中红色的部分像什么？那条线表示什么？	想象并表达红色与黑色的不同	①小朋友们觉得红色的粗线条有什么独特含义？（色彩、造型，可以赋予新的含义） ②那条黑色的线呢？它被用来表示什么？
	进行创作准备（引导幼儿进行具象与抽象的转换）	我们可以用这些球球来表示人或者可爱的小动物
3. 创作引导：我们也用这种简单的办法来画一个小故事吧！	注意打破幼儿排列的特点，鼓励幼儿进行散点布局	你们看看这个小朋友的作品，他的小球球们都没有聚在一起排队，还有哪个小朋友想试试这种方法？（会有幼儿难以进行散点布局，属于年龄特征）
4. 材料提供	绘画用白纸、海绵、水粉、可调色盘子、油画棒、黑色水彩笔	指导幼儿用海绵抹出单色背景（不要求均匀），用油画棒进行点的布局（着重辅导），用黑色水彩笔完成细线添加
	高丽纸、排刷、水粉颜料、墨水、小喷枪、细线	指导幼儿用排刷和水粉处理出背景，待干后指导幼儿用线托出线条，用喷枪散点构图喷黑色的点
5. 作品点评	敢于探索散点布局	我们看看哪个小朋友的作品表现比画家还好？

绘画Ⅰ——米罗

图 5-18　绘画Ⅰ

1.欣赏目标	（1）观察画面并感受并列排序构图的特点产生的简洁大方的美感	
	（2）进行简单的具象造型，用排列的构图方法进行创作	
2.预设提问	引导重点	追问
（1）仔细观察作品，画面中有什么？	观察画面中不同物体的区别	①它们一样吗？有什么不同？ ②直线都一样吗？
	尝试理解符号含义	①你们觉得这些符号像什么？ ②它们在做什么？颜色代表什么？
（2）它们的形状简单吗？好看吗？	感受作品的简洁、大方	①你觉得高楼是怎样在地上待着的？是竖着站？ ②那剩下的线还都是竖着的吗？
	引导幼儿寻找符号有趣的地方	①还有什么样的线？它们是什么样的？ ②横着的、斜着的、带钩的线在哪？
（3）它们是怎样被安排到画面上的？整齐吗？	引导幼儿观察画面并感知、探索并列排列的构图特点	①你看这幅作品和我们以前看到的作品相比，除了内容不同，还有哪些不同？ ②这些符号是很分散的吗？是很集中的吗？还是整齐排列的？ ③这样的构图好看吗？为什么？这些一样的符号大小有区别吗？
3.创作引导：我们也用这种构图方法来画一张好玩的气球吧？（可自选内容）	强调绘画的构图展现排列的方式，引导幼儿进入创作状态	①你们都准备好用这种排队的方法创作一幅画吗？ ②我们仔细看看画面中的符号大小一样吗？
	鼓励幼儿大胆创作	你们试一试吧！你们画出的气球肯定特别漂亮，它们可以是有眼睛的
4.材料提供	绘画纸、排刷、毛笔、油画棒、墨汁	指导幼儿刷出大面积不规则的颜色；指导幼儿创造不同的气球符号；指导幼儿用油画棒完成剩余色彩添加
	亚粉纸、水彩颜料、画笔、黑色粉笔、即时贴（圆形）	指导幼儿探索水性颜料的特点并完成背景 指导幼儿用黑色粉笔进行主体表达 指导幼儿用即时贴拼贴的方法完成作品
5.作品点评	表达的充分性	哪幅作品用了我们这种方法表达出奇怪的气球了呢？这幅画给你带来怎样的感受？
	符号表达有个性	哪幅作品的符号、线条最有意思呢？

第四节 技法欣赏提问预设

绘画Ⅱ——米罗

图 5-19 绘画Ⅱ

1.欣赏目标	（1）观察作品感知画面中点、线、色的运用以及表现方法		
	（2）尝试运用不同的工具进行创作		
2.预设提问	引导重点	追　问	
（1）小朋友们仔细看看我们这幅画画上都有什么？	观察画面，引导幼儿尝试自主发掘画面中表达的造型	①这些形状组成了什么形体？ ②这个样子的形体你们见过没有？	
	感知画面表达的实际内容	①画面中还画有什么？ ②这些小人在干什么？是在玩游戏吗？	
（2）这幅作品中我们可以找到点点吗？还有什么？	发掘画面的组成形式（点、线、面）	①画面上有线条吗？它是什么样的？ ②画面中有点和面吗？ ③你从哪里看出来的？	
	理解画面主体的概念	①画面中有没有一个最大的人？ ②他是主要的吗？	

续表

（3）画家这样画好看吗？画家创作时的心情是什么样子的？	认识画面色彩组成	画面中都有什么颜色？请帮我指出来
	感知作品的情感内容	①小朋友们觉得这些人是开心的吗？ ②画家为什么要创作这幅作品呢？
3.创作引导：我们也画一个大大的自己吧！	强调画面主体意识	引导幼儿画画时，画面主体一定要画大
	引导点线面构成完整画面	看看哪个小朋友画出小点了？我们有没有画出那些线？
	鼓励幼儿大胆自主创作	看看谁画得最多？等我们都画完以后，互相猜猜看
4.材料提供	绘画纸、水粉、刷子、油画棒、有色线绳、胶水	指导幼儿创作基本形体并添加色彩，填充背景色，用线绳粘出线条部分
	色纸、宽窄不同的彩色纸条和异型纸片、胶棒、油画棒	引导幼儿进行拼贴探索，注意材料使用的规范性
5.作品点评	主体表现得是否充分	我们看看谁将主要的人画得最大？
	符号表达有创意	哪幅作品的符号、线条最有意思呢？

亲密交流的人——米罗

图 5-20 亲密交流的人

1.欣赏目标	(1)观察作品表现的人物动态，体会人与人之间的亲密关系	
	(2)运用彩泥表现人物的简单动态	
2.预设提问	引导重点	追问
(1)小朋友你能告诉我这幅作品表现的是什么吗？	引导幼儿仔细观察作品，感知作品表达的内容	他们都在干什么？你是怎么看出来的？
(2)这是两个正在亲密交流的人，他们有什么动作？	鼓励幼儿从情感方面感受作品表现的独特情趣与意境	①怎么能看出他们很亲密？ ②他们有什么动作？ ③你试着模仿他们亲密聊天的样子
(3)画家是用什么材料表现这两个人的？	运用观察和实践的方法引导幼儿感知材料的特殊性	①仔细看看米罗这幅作品用的材料与我们平时见到的材料有什么不同？ ②这种材料给你的感受是什么样的？ 教师边讲边展示泥柔软可变形、塑形的特性
3.创作引导：我们也用彩泥来制作个小人，让他也找个朋友聊天吧！	鼓励幼儿用彩泥进行雕塑创作	尝试运用彩泥表现人物动态的造型，可以几个作品一起组合展示
4.材料提供	彩泥、泥工板	引导幼儿使用彩泥进行创作，注意动态的表现
5.作品点评	幼儿创作的作品是否有动态的变化	①谁做的小人有动态的变化？ ②说一说自己做的小人在和朋友说什么？

蜗牛——马蒂斯

图 5-21　蜗牛

1.欣赏目标	(1)观察画面中的不同颜色和图形,感知作品单纯、鲜明的装饰美感	
	(2)运用不同色彩的图形拼贴一幅作品	
2.预设提问	引导重点	追问
(1)这是一幅什么样的画?	观察画面,感知色块在空间中的位置	①这幅画中都有什么? ②这些鲜艳的色块是怎么排列的? ③它们排得满吗?
	感知蜗牛的造型	①这幅作品的名字叫《蜗牛》,找找看,蜗牛身体的各个部位都在哪里?用手指一指,说说你是怎么看出来的? ②画家的蜗牛和我们平常见到的蜗牛有什么不同?(夸张、简洁、生动、有趣)
(2)这幅画是用什么方法创作出来的?	感知剪贴的方法	①小蜗牛的身体是怎么创作出来的? ②画家用的是什么材料、什么方法?
(3)这种创作方法带给人什么感觉?	感受作品表现的独特情趣与意境	①你喜欢这样的蜗牛吗? ②这只蜗牛带给你什么感受? ③你觉得小蜗牛快乐吗?神气吗?还是有什么别的感觉?
3.创作引导:我们也用漂亮的图形来创作有趣的动物画吧!	设计安排好色块的布局	想一想你要创作表现的小动物可以用什么样的色块去拼贴?
	表达不同形象的动物	想一想你的小动物在做什么?一会儿给我们讲一讲
4.材料提供	与原作色彩相同、形状不同的彩纸、剪刀、胶棒、两面贴、即时贴	教师指导胶棒的使用方法、即时贴的使用方法,对有个别需要的幼儿,帮助其进行造型创作
5.作品点评	布局均匀、表现独特的作品	①说说自己的作品拼的是什么小动物?它在干什么? ②哪些作品中的小动物看起来很舒服?为什么? ③哪些小动物看起来不舒服,为什么?(粘贴技能不好)

红色的盘子——米罗

图 5-22 红色的盘子

1.欣赏目标	（1）引导幼儿感受作品中黑、白、红三种色彩对比产生的视觉冲击美		
	（2）引导幼儿尝试使用多种材料、工具进行创作		
2.预设提问		引导重点	追问
（1）你在画中看到了哪些颜色？你感觉最明显的颜色是什么？		感受作品中黑、白、红三种色彩产生的单纯美	画面上都有什么颜色？
		观察颜色搭配的方法，感知黑色的使用所造成的视觉感受	①哪种颜色最多？哪种最少？（黑色最多，黄色最少） ②画面上没有黑色部分会好看吗？（提前准备无黑色的作品）为什么？你觉得黑色像什么？
（2）画面中还有什么？像什么？点是堆在一起的，还是分散的？		继续感受作品，并用语言表达自己对作品的理解	这幅画也有名字，它的名字是《红色的盘子》，你听到这个名字后愿意给这幅画另取一个名字吗？你为什么给取这个名字？
		观察其他点和符号的出现，鼓励幼儿说出象征感受	①画面上还有什么？它们是什么样子的？ ②点是堆在一起的，还是分散的？请你指一指
（3）教师总结并补充		理解作品情感意义	幼儿表述他们理解的作品，教师针对幼儿年龄进行补充
		发觉画面中的情趣因素	这幅画的内容有趣吗？你是怎么想的？

续表

3.创作引导：你也和画家一样画一幅你想画的画吧！	鼓励个性化创作	强调色彩表现的面积和颜色的饱和度
	强调色彩搭配的比例	小朋友们，这些颜色画的是一样大的吗？注意它们的不同
	鼓励创造自己的符号，表达自己的想法	一会儿我们请画完的小朋友给我们讲一讲他画的是什么，你们看看谁画得最好玩
4.材料提供	绘画用白纸、油画棒、粉笔、水粉颜料、水粉笔	引导幼儿进行油水分离的探索，顺序先油性后水性，先画出主色，后平涂深色部分，最后待干，将粉笔灰不规则地洒在画面上
	水彩纸、白色蜡烛、水彩颜料（佩恩灰、红色、黄色）、水粉笔、白色丙烯颜料	引导幼儿先在纸上画出红色部分和淡黄色 引导幼儿用白色蜡烛在色块周围涂抹 引导用排刷将稀释的佩恩灰涂满在纸上 引导幼儿用丙烯颜料自由滴满白色丙烯，破除整块黑色的压抑
5.作品点评	画面的完整度和表达的充分度；材料工具探索的熟练性和广泛性	①哪幅作品画得最好看，表达的自己的想法最多？ ②哪幅作品颜色最满？最漂亮？

绘画Ⅲ——米罗

图5-23　绘画Ⅲ

1.欣赏目标	（1）感知作品强烈的色彩对比和黑色协调作用带来的视觉美	
	（2）引导幼儿充分使用材料进行创作	
2.预设提问	引导重点	追 问
（1）你从画上看到了什么颜色？给你什么感觉？	帮助幼儿建构简单的观察方法（由整体到局部再到整体）	①这些颜色是什么样的？它们很大吗？ ②小一些的颜色都有哪些？ ③这些大小不同的色块在一起有什么感觉？
	引导幼儿感受红、蓝色的视觉跳跃感	①你们觉得红色和蓝色在一起明显吗？ ②它们在一起好看吗？
（2）请小朋友仔细观察，画面中最深的两块颜色在哪里？	引导幼儿感受在明度上区别黑色和蓝色	画面上最深的颜色在哪里？它的面积大吗？
	注意强调黑色的视觉美而不是造型美	①谁找到画面里的黑色了？你们觉得它漂亮吗？ ②它像什么？没有它会怎么样？
（3）小朋友们觉得这幅作品的颜色漂亮吗？	感知作品色彩，与被降纯的色彩进行对比一样好看	①这些颜色看起来不是很鲜艳吧？ ②他们单独组图好看吗？两个在一起呢？再把黑色加上去呢？
	整体感觉作品的视觉美感	我们看到这幅作品后会有什么样的感觉？像什么？好看吗？
3.创作引导：我们来尝试一下新的材料工具，完成一幅作品吧！	帮助个别幼儿构建创作思路	每一个小朋友都有自己的创作思路了吧？谁来讲一讲？
	介绍新材料的使用方式（可以进行演示）	演示水印画的操作步骤，教师注意示范的规范性和顺序性
4.材料提供	水彩笔水、宣纸、碳素墨水、毛笔、水盆	引导用笔先将背景色迅速点入水中，待扩散后点入黑色随即放入纸进行吸附，教师协助幼儿晾干作品
	水浸白色棉布（大纹理）、水性颜料、滴管、记号笔	事先把水浸白布展平在画板上（课前准备，白布需泡水去矾）；引导幼儿将白水滴在白布上浸透，将背景对比色分别滴在上面观察渗透扩展（可以继续滴清水加速渗透）；黑色滴在没有滴清水的部分；记号笔添加线条
5.作品点评	作品色彩对比度的明确性	哪幅作品颜色更鲜艳明亮？
	对工具探索的主动性	哪幅作品用的工具与别人不同，怎么看出来的？

五月——米罗

图 5-24 五月

1.欣赏目标	（1）感受黑色线条与色块的鲜明对比以及黑色线条和画面的视觉协调美	
	（2）运用工具、材料体验创作的随意性，感受作品的动态美	
2.预设提问	引导重点	追　问
（1）画面上都有什么颜色的色块？你觉得它们像什么？	感受原色对比产生的视觉美	①小朋友，你觉得这些彩色的颜色哪个最好看？ ②看到这些彩色的颜色你会想到什么？
	感受黑色的破坏作用和黑色在画面中起到主导作用带来的协调美	①画面中哪种颜色最多？它好看吗？是不是它让那些漂亮的颜色变得难看了？ ②我们仔细看看这些黑色形状，很好玩吧？ ③这些黑色是不是在那些漂亮的彩色上面玩耍呢？你想到了什么？

续表

（2）你观察到画面上有什么样的线条？	帮助幼儿建构细微观察习惯	①我们仔细看看，这些黑色的线条一样吗？ ②再仔细看看它们还有哪些不一样？ ③有些形状像小手，你找到了吗？还有什么？
	感知画面中黑色弯曲线条的意义	①细细的线条像什么？ ②那些粗粗的呢？还有弯弯曲曲的线条像什么？
（3）展示作品的局部线条，它们在画面的什么地方？你觉得它们像什么？	感受米罗作品的创作含义	①你们现在觉得这幅画是不是很漂亮？ ②画家告诉我们什么样的故事？ ③这是一个怎样的季节？
	补充幼儿遗漏，鼓励幼儿进行创作准备	教师总结幼儿表述时的遗漏（主要是黑色线条与色块的鲜明对比以及黑色线条整合画面的视觉协调感）
3.创作引导：我们开始创作吧！	可以进行季节性创作（但要使用这些方法）	根据所定主题选择颜色（背景色不要超过4种），一定要有黑色（用于整理画面）
4.材料提供	绘画纸、水粉、刷子、毛笔、墨汁	指导幼儿刷出漂亮的背景颜色；指导幼儿有目的地添加主体；指导幼儿用毛笔或者手进行即兴创作
	白色挂历纸、彩色喷漆、碳素墨水、毛笔、碎布头、滴管、画架、画板	将纸放在画板上裱好置于画架上（课前准备）；引导幼儿用喷漆即兴喷出背景；引领用滴灌滴墨水进行自然流淌成型；指导幼儿用毛笔添加细节
5.作品点评	画面的完整度和表达的充分度	哪幅作品画得最好看，表达的自己的想法最多？
	幼儿创造的独特性	哪幅作品的符号、线条最有意思呢？

第五节 国画欣赏提问预设

八哥、白菜——齐白石

图 5-25 八哥、白菜

1.欣赏目标	(1) 观察画面中的八哥、白菜,感受作品表现的生活情趣		
	(2) 体会墨色的浓淡干湿产生的艺术美感		
2.预设提问	引导重点	追问	
(1) 画面上都有什么?	将作品内容与幼儿生活建立联系,引导幼儿多方面进行感知	①我们见过这两种东西吗?在什么地方? ②小鸟(八哥)是什么样子的? ③八哥它会做什么?你们见过白菜吗? ④白菜被用来做什么?	
	观察画面细节,引导幼儿尝试自主观察细节	①想想我们见过的八哥和白菜有什么奇特的地方?看看作品中有画出来没? ②还有什么没有画出来?	

续表

（2）画面中八哥与白菜的墨色有什么不同？	引导幼儿区别浓淡两种墨色	①我们看看这幅作品的墨色有什么不一样？ ②他们分为几种？能帮我指出来吗？
	引导幼儿尝试解读画家的创作心境	①画家为什么画这两种物品？它们和画家的生活有关吗？ ②小朋友们猜一猜画家是个什么样的人？ ③我们想想他为什么画这幅作品？
3. 创作引导：我们也用这两种不同的黑颜色来画一张我们最喜欢的东西吧！	鼓励幼儿自主探索区分墨色	①小朋友们一定要注意我们的墨色是不同的（板书演示浓墨，淡墨的产生方式） ②想一想把我们要画的东西放在画面的什么地方？ ③比一比看谁的画面最有意思？ ④还可以继续来添加你们喜欢的物品
	尝试把画面安排的相对合理	
	鼓励发挥个性创作	
4. 材料提供	生宣（加宣）、中白云、长锋、墨汁、毛毡、报纸、涮笔筒	指导幼儿自主合理地摆放材料工具 指导幼儿区分墨色（反复） 鼓励幼儿大胆表达 注意保存幼儿作品
5. 作品点评	墨色的区分	谁的画面上两种墨色区分得最清楚？
	画面布局的合理性	哪幅作品画得最充实？这样好看吗？为什么？

雏鸡——齐白石

图 5-26　雏鸡

1.欣赏目标	（1）感知画面中小鸡的动态美	
	（2）引导幼儿尝试运用多种方法创作小鸡游戏图	
2.预设提问	引导重点	追　问
（1）画中画的是什么？	引导幼儿将已有生活经验与作品欣赏相结合，加深解读画面的能力	①小鸡可爱吗？你们和小鸡一起做过游戏吗？ ②你们看到的小鸡是什么样子的？什么颜色的？
	认知小鸡的结构，注意强调头与身体的组成和连接	①小鸡的头是什么形状的？身体呢？ ②他们是怎样连接在一起的？
（2）这些小鸡都在做什么？学一学小鸡的姿势	通过形体模仿提升幼儿兴趣，加深对形体结构的理解	①他们的手是什么样子的？能跳舞吗？我们来模仿一下他们跳舞的动作 ②他们的腿是什么样子的？脚呢？跑起来会是什么动作？
	培养幼儿自主探索、分析概括成型的能力	我们现在想想，如果你画小鸡，先画什么？（教师讲解顺序从大到小，注意强调头和身子是张开的，并且是连接的）
（3）你知道这是用什么画出来的吗？	引导幼儿感受水墨画水色的特点，介绍工具材料的使用方法	我们来看看这些小鸡的颜色有什么特点？从它的颜色中你能感受到什么？（板书演示画一只小鸡，强调水墨绘画的要求，一笔一笔地画，不要来回反复地画，注意使用水）
3.创作引导：我们也用这个好玩的工具来画一只小鸡吧！	鼓励幼儿敢于尝试探索工具	我们的小鸡一定要画大（执笔方法掌握即可，注意工具材料摆放，不要影响幼儿书画的便捷性）
	鼓励幼儿个性化创作	怎么画小鸡才变得更好玩？我们的小鸡可以穿衣服吗？（突出拟人性）
4.材料工具	生宣（加宣）、中白云、长锋、墨汁、毛毡、报纸、涮笔筒	指导幼儿铺好画毡，将纸展平铺在毡上；指导幼儿将毛笔浸水(报纸用于蘸笔)；指导幼儿开始书画（强调大，墨汁没有就蘸，一定要用水）；引导幼儿感受两种笔的不同；完成绘画后注意保存作品
5.作品点评	工具使用的熟练度	哪个小朋友的纸没有破？谁画的小鸡最好看？你用的是什么方法？
	画面的情趣	哪幅作品表现的小鸡最好玩？为什么？

葡萄、老鼠——齐白石

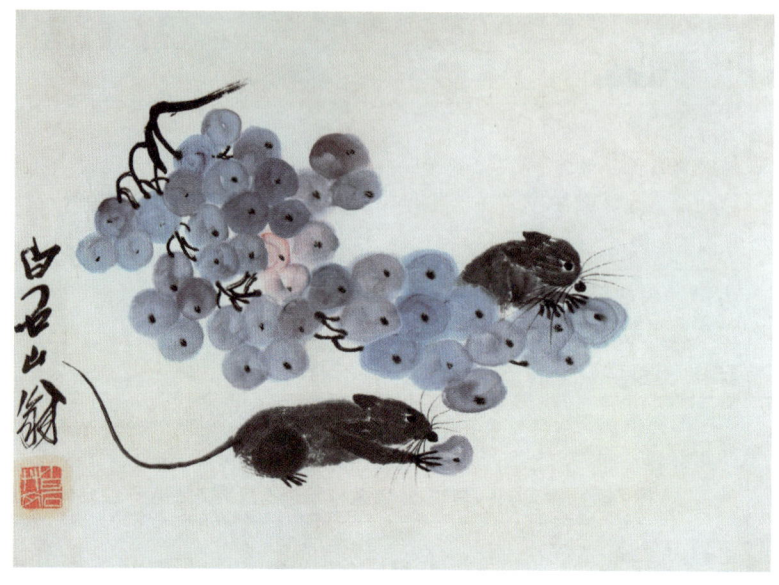

图 5-27　葡萄、老鼠

1. 欣赏目标	（1）通过欣赏画面内容，激发幼儿对国画的兴趣，感受画面的动态与情趣	
	（2）引导幼儿用自己喜欢的方式表现葡萄、老鼠，体验创作活动的乐趣	
2. 预设提问	引导重点	追　问
（1）从这幅画中你看到了什么？	引导幼儿结合生活经验进行感知，欣赏作品内容	①小朋友们画面中有几种不一样的颜色？分别是什么？ ②你吃过的葡萄是什么颜色的？ ③你见过老鼠吗？它们有什么生活习惯？
	幼儿主动发觉画面中水墨画的独特感觉	①我们前面欣赏过很多水墨作品，请小朋友们来看看这幅作品有什么特点？ ②它使用的墨色有独特的地方吗？还有什么不同的地方？
（2）老鼠在干什么？老鼠是怎么吃葡萄的？学一学	引导幼儿结合已有经验多方面感知作品	①老鼠在我们的故事里是做什么的？ ②它们在这些葡萄边上做什么呢？
	激发幼儿对水墨绘画的兴趣	①我们想一想老鼠都是什么时候出来玩？ ②他们的动作是什么样子的？ ③我们来模仿一下它们的动作吧！看看谁学得最像
（3）文字写在了画的什么地方？	尝试解读画家的心情和生活情趣	我们猜一猜画家为什么要画这幅作品

续表

3.创作引导：这些老鼠真淘气，我们也来画一只淘气的小动物吧！	引导幼儿摆放要描画的对象	①我们仔细看看画家是如何在画面中摆放物体的 ②小朋友们想一想如何摆放才更好看？ ③小朋友们都有自己的想法了吗？ ④我们现在开始看看哪个小朋友画得最有趣，看看谁有新的办法来画作品？
	鼓励幼儿进行个性化创作	
	探索不同的绘画方法	
4.材料提供	生宣（加宣）、中白云、长锋、叶筋笔、墨汁、毛毡、调色盘、国画颜料、报纸、涮笔筒	引导幼儿合理摆放绘画工具；教师示范国画颜料的使用方法（主要是调色，注意颜色不要焦） ①我们试一试这些笔都能画出怎样不同的线？ ②怎样才能画出更有趣的作品？
5.作品点评	画面的情趣	哪个小朋友的作品最有意思？
	作品的完整性和画面布局的生动性（感知）	①哪幅作品中的物体摆放最好看？ ②哪幅作品的墨色和彩色最好看？为什么？

蛙戏图——齐白石

图 5-28　蛙戏图

1. 欣赏目标	（1）感知作品中青蛙游戏的生动情景		
	（2）引导幼儿在作品中表现青蛙的各种动态		
2. 预设提问		引导重点	追问
（1）画面中都有什么？你觉得青蛙在做什么？		引导幼儿结合生活经验欣赏作品内容	①小朋友们都见过青蛙吗？ ②你们知道它们小时候是什么样子吗？
		通过动作模仿，加深幼儿对青蛙形体的理解	①青蛙是怎样走路的？它们生活在哪里？ ②他们的头和身体是怎样连接的？和其他动物一样吗？ ③我们来模仿一下小青蛙的动作吧！
（2）我们看看青蛙的颜色有什么不一样？		引导幼儿区分两种墨色（浓墨淡墨）	①想一想以前在画国画作品时，我们用到什么方法？ ②它们是利用什么来表现变化的？（水）
		感受画面的动态美	①青蛙游戏的动作中你觉得哪个最好看？ ②他们被放在画面什么位置？你觉得这样好看吗？ ③我们仔细看每只青蛙有什么不一样
3. 创作引导：今天我们也用两种墨色在纸上画一些可爱的小动物吧！		鼓励幼儿大胆用笔进行书画	①看看谁能很好地用不同的墨色最先画出可爱的小动物？ ②我们看哪个小朋友画出的小动物动作不一样？ ③这些小动物怎么放在画面中才好看？ ④想想你有没有自己的好办法来画这幅作品？
		引导幼儿描绘作品，注意区分墨色	
		区别描绘对象的动作形态	
4. 材料提供		生宣（加宣）、中白云、长锋、墨汁、毛毡、报纸、涮笔筒	指导幼儿合理摆放绘画工具和材料 教师强调墨色的区分（反复） 引导幼儿探索毛笔的使用方法 注意保存幼儿作品
5. 作品点评		墨色的区分和墨色在画面里的合理使用	哪幅作品中墨的颜色区分得最好看？
		作品的情趣和情感	①看看谁的作品画的最有意思？ ②你可以上来讲一讲你画的哪里有意思吗？

第六章 小班美术作品欣赏教学案例

第一节 色彩要素作品欣赏案例

沙丘——蒙德里安

图 6-1 沙丘

一、作品分析及欣赏定位

《沙丘》是荷兰画家蒙德里安的作品,在一系列以沙丘为题材的作品中,类似于"点彩派"的小色点被较大的色彩团块所取代,使画面色彩更加鲜明,画面内容更具神韵。沙漠被风吹变成一穹一穹的沙丘,隆起的如山脊,凹下的如山谷,起伏之间所形成的明暗对比具有戏剧性的运动感,整个画面也因此呈现出安祥。颜色有了光泽,淡紫色渐渐消失,从而使浅蓝色、白色、玫色、金黄色得以自由驰骋。

我们之所以把这节美术欣赏课定位在色彩上,其目的是引导幼儿观察、感知作品中较大的色彩团块的搭配,感受作品色彩的和谐美。

小班幼儿对颜色的认识相对比较单一。大部分幼儿已经能够辨认和区分三原色,能够关注周围环境中的明显的颜色块,能用简单的词和句子表达自己的感受,但他们不善于运用色彩表达事物的美，尚处于简单的涂鸦状态，色彩使用混乱无章。通过有目的的欣赏活动，能够引导幼儿有意识地使用颜色。

二、活动目标

（1）观察作品的色彩，感知色彩对比带来的强烈视觉冲击。

（2）尝试运用对比色进行创作。

三、活动准备

经验准备：观察关于沙漠的图片。

材料准备：水粉纸、彩色绘画纸、颜料（中黄、橘黄、深蓝）、刷子、粗海绵棒。

四、活动重点、难点

重点：利用提供的颜色练习大面积涂色，表现事物的对比色彩。

难点：理解画面表达的意境，体会大色块对比搭配表达出的视觉效果。

五、活动过程

（一）欣赏过程

（1）观察画面中的颜色并能进行区分。引导重点：仔细观察、辨别画面中出现的各种色彩，加深对色彩的认识。

①师：你都在画面中看到了哪些颜色？（幼：蓝色、黄色、灰色、白色、粉色、绿色）

②师：这些颜色都在哪里？请你指一指。

（2）发现画的上部下部颜色有所不同。指导重点：体会画面中颜色搭配带来的美感。

①师：请问，画的上半部分是什么颜色？（幼：蓝色，还有白色）

②师：这些颜色给你什么感觉？（幼：这个白跟灰色一样；让我想起了水；让我想起去游泳了，特别舒服）

③师：画面的下半部分是什么颜色？（幼：黄色、白色、红色、蓝色、粉色）

④师：这些颜色给你什么感觉？（幼：像在火星一样，蓝色还能发出白光；这

么多颜色很漂亮）

⑤师：你觉得这幅画是动的，还是静止不动的？（幼：是不动的，因为它是画出来的。是动的，因为它们在赛跑。我老盯着它，就觉得动起来了，眼都花了）

（3）比较上半部分颜色和下半部分颜色，感觉有什么不同。

①师：画中的哪些颜色给人温暖的感觉？哪些是寒冷的？

②师：画中的哪些颜色看起来是明亮的，哪些看起来是比较暗淡的？

③师：画中哪些地方的颜色比较纯净均匀？哪些地方又是丰富多变的？

（4）比较颜色涂的方法有什么不同。

师：作品上半部分颜色的涂法和下半部分的涂法一样吗？（幼：上面就是蓝色，底下的颜色多，都掺和在一块了；底下的颜色一道一道的，太短，蓝色是一大片）

（5）观察整个画面，体会画面中对比色带来的视觉感受。

①师：这幅作品是画家蒙德里安画的，名字叫《沙丘》，就是沙漠中的山包。我们以前看过关于沙漠的图片，这幅作品有什么不同？（幼：这是五颜六色的沙漠）

②师：五颜六色是怎么体现的？（幼：一道蓝，一道金黄，又一道蓝，一道金黄，还有粉色、白色，老在变）

③师：老在变的颜色给你什么感觉？（幼：晃眼，跳来跳去的）

④师：（用手在幼儿面前晃来晃去）是这种感觉吗？

⑤师：画家就是用这样的方法画出了一个耀眼的、富于变化的大沙漠。那我们今天也用画家的方法来创作一幅作品吧！

（二）创作过程

（1）创作引导。

①师：蓝色和橘黄色是对比特别鲜明的颜色，最容易表达出跳跃的感觉，老师也给大家准备好了这两种颜色，让我们也试着画一幅色彩跳跃的作品吧！

指导要点：用颜色时注意不要将颜色混在一起。选取的颜色不要太多。

②师：除了这两种主要的颜色外，我们还可以尝试使用一些其他的颜色，让作品变得更加丰富生动，看看你画的作品与画家的有什么不同？

指导要点：鼓励幼儿用对比色进行色彩搭配的尝试。

（2）幼儿创作，教师个别指导。

（三）评价

（1）请找一找，你觉得哪些作品在颜色的使用上是丰富的？

（2）哪些作品的颜色变化是跳跃的？

（3）请再找一找，哪些画面像动起来一样？是怎么表现出来的？

六、教学反思

在绘画过程中，幼儿首次尝试利用这么多的色彩进行创作。有的幼儿使用粗细不同的毛刷，有的幼儿使用棉签，同时不同的材料为幼儿的绘画过程增添了探索的乐趣。孩子们敢于尝试使用新鲜的材料，并很好地使用对比色，将蓝天、黄沙表现得有声有色，使画面更加跳跃。

活动中，教师的问题明确，提问到位。虽然是小班幼儿，却能在层层递进的问题中很好地认识颜色，理解画面的动态效果。幼儿能够在提问中大胆发挥想象力，与在现实中亲眼看到的事物相结合，并用语言表达出来。幼儿对整个画面的色彩、动态效果，以及明暗都有了初步的理解与掌握，大大提高了自己的创作空间。

此外，材料的投放，充分地支持了幼儿的创作空间，孩子们选择多种物品进行尝试创作，大大增添了绘画的乐趣。

七、幼儿作品展示及分析

幼儿作品（1）	作品分析
	色彩处理很明亮，特别是在蓝色背后和周围透出了白色的底，体现出了通透感，突出了蓝天的冷色调与黄色沙丘暖色调的对比。同时，淡蓝的底色与黄色、橘黄、深蓝的混合，使画面非常生动。

续表

幼儿作品（2）	作品分析
	蓝色作为绘画主体，运用黄色将天与地明显地分割开，同时使用扁毛刷，运用橘黄、明黄等大色块的颜色表现沙丘的流动性，画面色彩鲜明、错落有致。
幼儿作品（3）	作品分析
	砂纸粗糙的表面，使画面更有肌理感。幼儿在充分感知作品后，运用随意流畅的线条，对比鲜明的色彩，大胆地创作并再现了作品。

夏天的风景——康定斯基

图 6-2　夏天的风景

一、作品分析及欣赏定位

《夏天的风景》是 20 世纪世界抽象艺术之父康定斯基的作品，本幅作品颜色对比鲜明，明暗变化突出，整体向我们展示了炎热的夏天太阳对大地的炙烤和树荫下凉爽的感觉。欣赏这幅作品，可以调动幼儿的生活经验，通过自己的感受去理解什么叫明暗对比。

三四岁的幼儿对颜色的认知已有了一定基础，对探索颜色的变换充满兴趣，因此我们就把这次欣赏活动定位在对色彩的欣赏上，通过老师的引导让幼儿感受色彩的明暗对比，理解色彩变化的原因，培养幼儿运用色彩规律创作美术作品的能力。

二、活动目标

（1）观察作品中色彩的明与暗，感知画家对炎热夏天的表达。

（2）引导幼儿运用明亮的颜色表达阳光下的炎热。

三、活动准备

经验准备：（1）事先把画放在教室里，供孩子们欣赏；（2）对生活中夏天的风景有一定的了解。

材料准备：油画布框、丙烯颜料、调色盘、毛笔、围裙。

四、活动重点、难点

重点：在老师的引导下观察并发现作品中的明暗对比。

难点：鼓励幼儿大胆用色，尝试表现出明暗变化。

五、活动过程

（一）欣赏过程

（1）画面中都有哪些主要的颜色？

①师：你在这幅画中都看到了哪些颜色？请你指一指。（幼：黄色、绿色、粉红色、红色、白色）

②师：什么颜色用得最多？（幼：绿色和黄色最多；我觉得黄色和绿色最好看，这两个黄颜色不一样，这个深，这个浅；黄色像夏天的阳光）

（2）观察画面中颜色的明暗变化。

①师：你们都说黄色和绿色用得最多，那这两种颜色看起来哪个更亮？哪个更暗呢？

②师：为什么黄色亮，绿色暗？阳光能照到的地方是什么颜色？阳光照不到的地方又是什么颜色？

③师：画面上都有什么植物？它们是什么颜色的？（幼：大树。阳光照到的地方是浅绿色，阳光照不到的地方是深绿色）

（3）体会画面颜色带给人的不同感受。

①师：画面中哪些颜色给你很热的感觉？哪些颜色给你凉爽的感觉？（幼：黄色的小路好像很晒，绿色、蓝色看着凉快，绿草地、小河凉快）

②师：看这些颜色，你的心情是什么样子的？（幼：心情很好，很想去公园玩）

③师：如果进了公园太热怎么办？到哪能凉快一些呢？（幼：到大树下）

(二) 创作过程

（1）鼓励幼儿创作一幅有阳光照射、有阴影遮蔽的作品。

①师：让我们也试一试画出炎热夏天有阳光、有阴凉的作品吧！

②师：想想你最熟悉的地方，你印象最深刻的自然景象，它们的轮廓是什么样子的，你怎么把它们表现出来？

③师：考虑好你要画的物体在画面的什么地方？要画多大？

（2）强调色彩搭配的合理性。用颜色时注意不要将颜色混在一起。

①师：我们可以试试把你想要的颜色搭配在一起，看看是不是能表现出炎热和凉爽的感觉？

②师：想想你是先画阳光下最热的景象，还是先画被物体遮挡有阴凉的景象？怎么画最方便呢？

(三) 评价过程

（1）哪些作品让你看起来感觉很热，为什么呢？

（2）谁的作品感觉阴凉更多一些，你是怎么感觉到的？

六、教学反思

《夏天的风景》是一幅明暗对比强烈的色彩画，幼儿通过观察画面，寻找夏天的颜色，探索阳光的出现给画面带来的明暗变化，感受到阳光照射的地方比较炎热，没有被照到的地方相对比较凉爽。在创作过程中，孩子们敢于运用多种颜色表现夏天，尝试运用明与暗表现出夏天的炎热。

本次活动开始前，可以先让幼儿到户外，亲身感受阳光的照射带来的不同感觉，让幼儿有直接的感受后再通过观察原作，了解画家的创作思路，通过这种方法，在真正绘画前，让幼儿明确自己的创作方向。在绘画的过程中也要不断地引导幼儿注意明暗的对比。幼儿可以在自己创作的过程中大胆着色，尽情享受创作的乐趣。在本次活动结束后做自我总结时，我发现，本次活动后还可以做一次延伸活动，主要是帮助幼儿理解并明确哪些颜色之间存在着明暗对比关系，可以先让幼儿去自主地观察发现，再经过集体讨论，教师可以协助幼儿总结结论，让幼儿的知识经验串成一个完整的链条。

七、幼儿作品展示及分析

幼儿作品（1）	作品分析
	夏天的乡村小路，大面积的蓝绿色和小面积的红黄色，表现出了炎热夏天里的凉爽。对比色的运用使画面更具装饰效果，色彩的叠加，加强了画面的厚重感和肌理效果。画面中色彩的明暗对比使画面更有空间感。

续表

幼儿作品（2）	作品分析
	幼儿通过观察环境、观察生活，加之自己对颜色的想象，创作了他心中夏天的风景，大面积的暖色和小面积的冷色，对比鲜艳，表达了夏天的炎热感觉。幼儿用笔流畅，用色大胆，构图饱满，画面鲜艳明快。

绘画Ⅲ——米罗

图 6-3　绘画 Ⅲ

一、作品分析及欣赏定位

《绘画Ⅲ》是 20 世纪超现实主义画家米罗的作品。米罗不仅擅长油画，也精于版画、陶艺、雕刻、壁画等艺术。这幅作品就体现出了版画作品晕染的风格。作品中没有明确的内容，只有美丽的色彩从不同的点向外散开，形成不同的色块，并相互重合。这里，没有物品的轮廓、阴影与细节，只剩下绘画的本身语汇——点、线、面。但就是这样简单的作品，确能因其淳朴简约的风格激活人们麻木的感官，产生振聋发聩的视觉冲击效应。特别是他创新的具有儿童特点的、豪放粗犷的书写式表现手法，不仅给观众提供了更多的解读方式,而且也体现出对生命与自然的真实记录。

我们选择米罗的这幅作品,目的是引导幼儿欣赏色彩在晕染状态下呈现的美,感知简洁、单纯的色彩所带来的装饰性美感。

二、活动目标

(1)感知作品强烈的色彩对比和黑色协调作用带来的视觉美。

(2)引导幼儿充分使用材料进行创作。

三、活动准备

材料:宣纸、水性颜料、滴管、黑色记号笔、毛笔。

四、活动重点、难点

重点:感知作品强烈的色彩是本次活动的最主要内容,而引导幼儿感知作品中黑色所带来的平衡感和它所起到的协调作用是本次活动的重点。

难点:引导幼儿尝试新的绘画方式,学习并初步掌握浸色与晕染的涂色方法是本次活动的难点。

五、活动过程

(一)欣赏作品

(1)引导幼儿欣赏画面的色彩。引导重点:帮助幼儿建构简单的观察方法(由整体到局部再到整体)。

①师:你从画上看到了什么颜色?这些颜色是什么样子的?(幼:红色,蓝色,黄色。这些颜色是一片一片的,黑色是圆形的)

②师:它们很大吗?小一些的颜色都有哪些?(幼:红色的大,黄色的小,黑色的最小)

③师:这些大小不同的色块在一起有什么感觉?(幼:感觉很热)

(2)引导幼儿感受红蓝色的视觉跳跃感。

①师:你们觉得红色和蓝色放在一起对比明显吗?它们在一起好看吗?(幼:好

看,我觉得红色好看,蓝色也好看)

(3)引导幼儿仔细观察画面中最深的两块颜色的位置。引导重点:引导幼儿在明度上感受并区别黑色和蓝色。

①师:画面上最深的颜色在哪里?它的面积大吗?(幼:蓝色,大)

②师:谁找到画面里的黑色了?你觉得它漂亮吗?(幼:我找到了。不漂亮,这黑色涂出格,涂到红色上了)(幼儿指作品中黑色的线)

③师:它像什么?没有它会怎么样?(幼:像小鱼的眼睛,小鱼没有眼睛就看不见了)

(4)感受作品整体的视觉美感。引导重点:感知作品色彩,被降纯的色彩进行对比一样好看。

①师:这些颜色看起来不是很鲜艳吧?它们单独一个好看吗?两个在一起呢?再把黑色加上去呢?(幼:好看,黑色不好看)

②师:我们看到这幅作品后会有什么样的感觉?像什么?好看吗?(幼:五颜六色,好看。像小鱼,在水里游的小鱼)

(二)创作体验过程

(1)创作引导:我们来尝试一下新的材料工具,完成一幅作品吧!

教师演示水印画的操作步骤,注意示范性和顺序性。

(2)幼儿进行创作,教师进行个别指导。

引导幼儿用笔先将背景色迅速点入水中,待扩散后点入黑色,随即放入纸进行吸附。

(3)引导幼儿在事先准备好的浸好水的白布上滴上水性颜料,观察颜料扩散的过程,然后用黑色滴在没有浸水的部分,最后用记号笔添加线条。

(三)评价过程

(1)作品色彩对比度的明确性。

(2)对工具探索的主动性。

六、教学反思

米罗的作品大多抽象、简洁、明快,比较接近孩子的心理和认知,所以孩子们看到这些作品时无形拉近了与大师名作的心理距离。麻布的使用更让他们感到了绘画材料的多种可能性,大大提高了幼儿的绘画兴趣和创作意愿。

七、幼儿作品展示及分析

幼儿作品(1)	作品分析
	幼儿用淡淡的水粉,通过相互间的晕染,表现了画面的朦胧美,黑色线条和虚实不同的点,平衡了画面的构图。使作品构图和色彩都很均衡,有自己独特的味道。
幼儿作品(2)	作品分析
	色彩纯度较高,晕染效果随意、充满动感。颜色协调明快,黑色点线起到了点睛之笔。整个画面视觉效果鲜艳跳跃。
幼儿作品(3)	作品分析
	此作品的创作是先将纸张喷湿,然后把颜色滴在纸上,这样颜色会自然晕开。幼儿在创作过程中边玩边感受,体会了颜色变化的乐趣。整个作品色彩鲜艳,构图饱满,色彩变化衔接自然,体现了创作中的自由和轻松。

天空中蓝色的金子——米罗

图 6-4　天空中蓝色的金子

一、作品分析及欣赏定位

《天空中蓝色的金子》是西班牙超现实主义画家米罗创作的作品。在这幅画中，他以儿童般天真的眼光看世界，以象征性的简略形状表达自己心灵的奇思遐想。他在作品中精心安排背景，强调笔触的点法、内容的幽默趣味和作品清新的感觉。在这幅画中，米罗所用的颜色简单到只有几种基本色：黄、蓝、黑、红、绿、白，他精细地使用它们，使画面色彩给观者带来强烈的视觉冲击。

小班幼儿绘画经常是各种色彩随意使用，很少考虑到它们搭配出来的效果。我们选择这幅画让幼儿欣赏，就是想让幼儿感受到蓝色和黄色的强烈对比，它们之间的比例关系，以及其他鲜艳色彩的点缀效果。通过体验式的创作活动，让幼儿意识到画家在创作绘画作品时，要选择并处理好背景色与主要颜色的搭配，而其他漂亮的颜色只要有一点点的点缀，就能产生出作品色彩的丰富美与和谐美。这幅作品的色彩明亮清新，构图轻松活泼，内容表达抽象、不受约束，很容易吸引幼儿的欣赏兴趣，其简单又反差明显的配色方法也容易被幼儿认同和接受。

二、活动目标

（1）感知画面中黄色、蓝色与黑色的搭配关系，感受色彩的冲突与和谐产生的意境美。

（2）尝试运用画家的配色方法进行创作，体会色彩的搭配。

三、活动准备

活动区小组教学环境：桌面上摆放作品《天空中蓝色的金子》，投放两组绘画材料。

（1）黄色彩纸，蓝、红、绿、黑、白色油画棒。

（2）绘画纸，蓝色、黄色水粉，板刷，圆形印章，不同粗细的记号笔，有少量红、绿色的调色盘和棉签。

四、活动重点、难点

重点：体会最醒目的颜色不是面积最大、亮度最亮的黄色，而是面积比它小的蓝色，因为对比色的点有强烈的视觉聚焦作用。

难点：小班幼儿用语言表达抽象感觉是比较困难的，需要教师用灵活的方法调动他们的多种感官和具体的生活经验。

五、活动过程

（一）欣赏过程

（1）引导幼儿欣赏画面内容。引导重点：仔细观察、辨别画面中出现的各种色彩以及它们的形状。

①师：你在画面中都看到了哪些颜色？（幼：蓝色、黑色、黄色；白色、红色、绿色）

②师：它们各自都是什么样子的？（幼：蓝色的大球，还有小点，还有黑色的线）

③师：你觉得画面中的蓝色像什么？（幼：像块毛巾，软软的；像地球，上面长了许多毛毛，还像波浪）师：黑色的地方像什么？（幼：有的像月亮、星星；像音符、小盘子；好像有个人在跳舞）

④师：画面上有线条吗？它们是什么样子的？（幼：画中有线，它们长的都不一样。有的长、有的短、有粗有细）

⑤师：这些线条像什么？你从哪里看出来的？（幼：细的像风筝线、像小蛇；

粗的像毛毛虫、大长蛇；像条弯弯的小路）

⑥师：画面中还有一些点，它们像什么？（幼儿用手指）（幼：这个像月亮；这个像石头；像音符；像星星；像雪花；像蛇；像月亮；像豆蔓；像小人；像个大嘴巴……）

（2）引导幼儿感知画面中色彩的搭配。引导重点：观察不同色彩面积的大小，感知它们的差别。

①师：画面中哪种颜色多？哪种少（幼：蓝色、黄色和黑色最多。红色、白色、绿色占的地方最少）

②师：哪个颜色感觉最明显？它画的是大还是小？（幼：蓝色最明显）

教师提示：虽然蓝色的面积没有黄色大，但是它画在了画面的中间，又是圆形的，所以看上去特别醒目。

③师：画面中彩色的点是堆在一起的，还是分散的？请你指一指。（幼：分散的，还有大有小）

④师：你喜欢这些小点吗？说说为什么？（幼：喜欢。我觉得这些小点像是小玩具、像是有点淘气；我觉得红色和绿色的点好看）

（3）讨论。

①师：猜猜这幅作品的作者是谁？为什么？（幼：米罗；像是米罗，因为这画上有星星；这些线条也像是米罗画的）

②师：米罗的这幅作品有一个好听的名字，叫《天空中蓝色的金子》，谁能说说画里的黄色和蓝色给你什么感觉？（幼：黄色像阳光，照在身上暖洋洋的；好像到了太空，有星星和月亮；蓝色感觉冷冷的，就像在梦里，梦着飞上了天空……）

③师：黄色和蓝色搭配在一起感觉舒服吗？还有什么感觉？

④师：你觉得这样的天空晴朗吗？你从哪里看出来的？（幼：天是晴的。因为是黄的；因为很亮）

教师提示：还因为蓝色的球体是透明的，让太阳照的都透出白色了。

⑤师：画家是怎么把蓝色的球画成透明的？谁能发现这个秘密？（幼：用蓝色的线画的）

⑥师：什么样的蓝色的线？是直的还是弯的？（幼：是弯的，一圈一圈的）师：谁会画一圈一圈的线？给大家试试！

（二）创作过程

（1）创作引导，主要是让幼儿体会黄色与蓝色进行搭配，以及彩色小点和黑色符号的点缀效果。

师：黄色和蓝色搭配在一起非常醒目，也非常明亮，让我们也用这两种主要的颜色创作一幅有趣的画吧！

演示材料的使用：你可以选择黄色的纸直接来画，也可以用笔刷在白纸上涂上黄色；你可以用油画棒转圈来画蓝色的大球，也可以选择印章蘸上颜色印出蓝色的大球。

（2）幼儿创作，教师分别指导。

重点介绍油水分离的表现形式，以及记号笔的使用方法。

师：画完了，再配上一些黑色的线条和彩色的小点，你的作品就变得生动有趣了！

（三）评价过程

（1）让我们找找，哪些作品显得颜色特别明亮呢？

（2）哪些作品颜色用的有多有少，显得特别舒服呢？

（3）哪些作品中的符号感觉特别有趣呢？

六、教学反思

小班幼儿的思维以直觉形象思维为主，让他们说出情感、感觉等抽象概念，的确有一定的难度。在欣赏《天空中蓝色的金子》时，教师需要调动幼儿的多种感官，运用正确的方式启发幼儿表达情感，更好地感受理解米罗作品中的多种元素，其中借鉴画家作品中的色彩元素进行再创作，就是一个很好的表现渠道。为了方便幼儿欣赏作品后进行绘画创作，教师可为幼儿准备白色、黄色的绘画纸，提供水粉颜料、油画棒、不同粗细的记号笔、板刷、旧笔杆等材料。选择黄颜色的底色纸为幼儿创作做出很好的铺垫，此时的幼儿只需将蓝色颜料用笔杆拓印和毛笔画的方式即可创作表现作品。用白色绘画纸的小朋友则使用油画棒进行创作，最后用油水分离的形式用板刷蘸黄颜色刷上底色。欣赏活动后幼儿开始关注到色彩在画面中的运用，能尝试用画家作品中的符号进行表现。幼儿在创作时有意识使用蓝、黄为主要颜色进行创作，更多的是以表现蓝色为主，幼儿能够根据自己的想象运用简单的符号进行创作表现。作品评价环节中，大家通过李语铮小朋友的作品，发现他的画关注到色彩在画面中的运用，更主要他能尝试用笔杆的顶端蘸颜料，用拓印的方式表现作品中的元素。在小班开展美术欣赏活动的重点应该落在培养幼儿的审美情趣上，幼儿有参与美术欣赏活动的兴趣，才能进一步感受艺术作品中的美。作为教师，也可以通过激发兴趣入手，逐渐提高幼儿的审美能力和情趣，同时在创作的过程中展现自我。

七、幼儿作品展示及分析

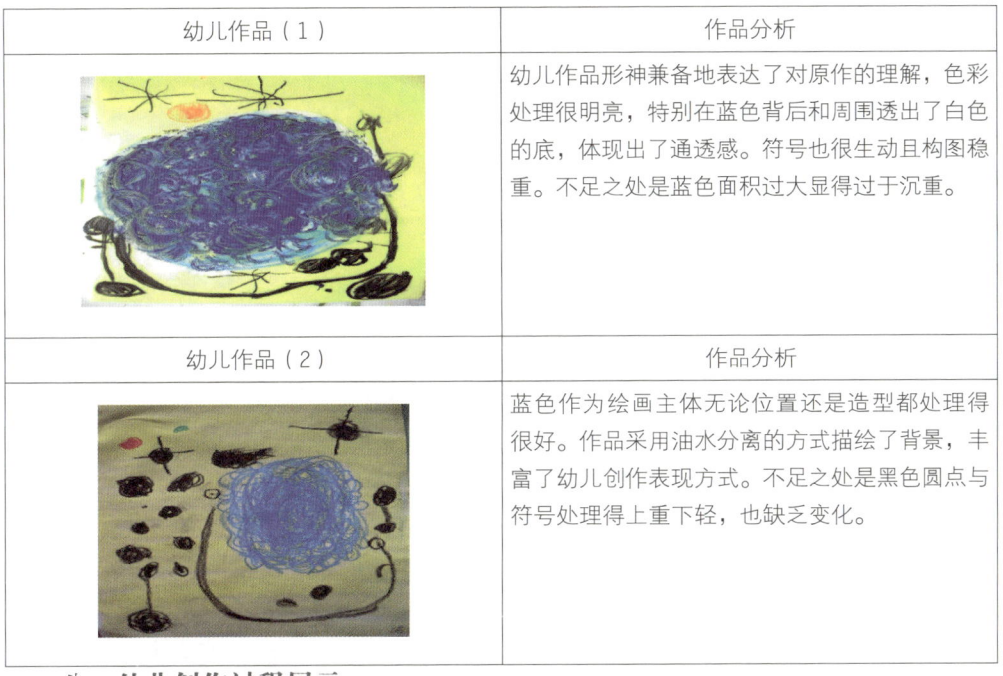

幼儿作品（1）	作品分析
	幼儿作品形神兼备地表达了对原作的理解，色彩处理很明亮，特别在蓝色背后和周围透出了白色的底，体现出了通透感。符号也很生动且构图稳重。不足之处是蓝色面积过大显得过于沉重。
幼儿作品（2）	作品分析
	蓝色作为绘画主体无论位置还是造型都处理得很好。作品采用油水分离的方式描绘了背景，丰富了幼儿创作表现方式。不足之处是黑色圆点与符号处理得上重下轻，也缺乏变化。

八、幼儿创作过程展示

午夜的鸟——米罗

图6-5 午夜的鸟

一、作品分析及欣赏定位

《午夜的鸟》是西班牙超现实主义画家米罗创作的绘画作品。在这幅画中，米罗将夏日夜晚的炎热用布满大地的红色加以渲染，天空是浓重的绿色，好似黑暗的夜空也被热浪改变了颜色，而中间的灰白色则是一个轻松的过渡，似乎可以自由呼吸。画面中散布着三三两两的圆点，还有米罗独特的星星符号。突然，栖息在树上的鸟受到惊动飞了起来，它先是向前探索，然后果断地向上飞翔直入云天。这幅画，米罗采用了红绿两种最强烈的对比色，使画面无比鲜明和跳跃，给观者带来强烈的视觉冲击。而对比色的比例，配上黑与灰使之平衡；面积大与小的区别，再配之微小的点、线、符号使之丰富，这就是大师级的手笔。

小班幼儿经常对周围环境中色彩鲜明的事物感兴趣，他们喜欢进行大面积的涂色，但对于色彩搭配的效果不太在意。让幼儿多欣赏一些色彩强烈但搭配得当的美术作品，对提高他们的审美能力是很有帮助的。《午夜的鸟》是一幅富有创意和情趣的作品，很容易引起幼儿的欣赏兴趣并被认同。

二、活动目标

（1）感知画面中色彩运用的简洁与面积对比产生的协调美。

（2）引导幼儿运用简单的对比色彩和深色线条进行创作。

三、活动准备

材料准备：绘画纸、画报纸、水粉、刷子、海绵棒、油画棒。

四、活动重点、难点

重点：理解作品表现色彩的方法，知道这些方法在作品中起到的作用。

难点：幼儿已经习惯了用色彩画事物的轮廓，让他们改善自己的绘画定势，体验一下画家的创作手法，需要老师较高的引导技能。

五、活动过程

（一）欣赏过程

（1）观察画面中的颜色，感知它们比例的不同。引导重点：仔细观察、辨别画面中出现的各种色彩以及它们的形状。

①师：你们在这幅画中看到了哪些颜色？（幼：红色、白色、绿色）

②师：这些颜色是怎么排列的？上面是什么颜色？下面是什么颜色？中间的颜色谁认识？

③师：子岳说中间的颜色是白色，谁还有不同的意见？

老师解释：语晞说中间的白色有点脏，这种颜色叫灰色。我们在白色颜料中掺上一点黑，就能配出这样的颜色。

④师：画面上什么颜色最多？在哪里？感觉像什么？（幼：下面的红色面积最大。像暴烈的阳光）

⑤师：什么颜色最深？在哪里？感觉像什么？（幼：上面的绿色最深。像夜晚的天空，可是有点绿；绿色是云彩吧，有点乱）

⑥师：什么颜色最轻，感觉像什么？（幼：中间的灰色颜色最轻。像空气，有点脏）

（2）观察画面中的细节，体会微小色彩对作品所起的作用。

①师：画面上有线条吗？是什么颜色的？像什么？（幼：有弯折的线条，像个大鼻子，像拐角）

②师：画面上还有什么小东西？它们都是什么样的？（幼：有圆点点、有"米"字符号。圆点点像糖果，"米"字符号像雪花）

（3）介绍作品名称，感受作品色彩运用形成的美感。

①师：知道这幅作品是谁画的吗？你们是从哪看出来的？（幼：米罗画的，这

上面有星星符号）

②师：米罗这幅画的名字叫《午夜的鸟》，就是说，在夏夜有一只飞翔的鸟。谁能看出鸟在哪里？怎么画出来的？

③师：现在我们再来看看这幅画，天空是什么颜色的？地面是什么颜色的？空气是什么颜色的？这些颜色配在一起好看吗？

④师：除了天空、绿地和空气，画面中还有飞翔的鸟，一些小的圆点和细细的黑线，这样的画面像是活的、在动的吗？

⑤师：看了这样的画，你会有什么感觉？感觉舒服吗？说说为什么？

⑥师：有人说红色的大地显得很热，太晒了，但是小朋友们仍然感觉舒服，那是因为天空中有大片的云彩，那儿凉快，所以鸟就飞上去了；要是我们也能飞上去，我们也就凉快了。

（二）创作体验过程

（1）引导创作。

师：现在就让我们学着画家的样子，也来画一幅有天空、有地面、有空气和飞鸟的画吧！老师给你们准备了你们经常用的画纸、画笔，还准备了水粉笔和颜料，你们可以选择自己喜欢的材料创作自己的画。

（2）过程指导。

①师：请先把要用的颜色选出来，注意要先找出对比强烈的两种颜色，然后再选一种最浅的颜色。

②师：注意一定要把两种对比强烈的颜色涂得一大一小，而不能一样多。

③师：你们的鸟可以按照你们的想法飞，你们也可以像画家一样创作属于自己的符号。

（三）评价过程

（1）哪幅作品表达出了颜色的大面积对比？这样的颜色给了你什么样的感觉？

（2）哪幅作品中的符号在色彩和造型搭配上最好看？最有创意呢？

六、教学反思

对于幼儿来说，色彩是吸引他们眼球的最好武器，对于红绿对比鲜明的这幅画，首先给了孩子们一个视觉冲击，在引导幼儿观察、感知作品中背景色与主要颜色的搭配的同时，让幼儿体会配色产生的点缀作用，感受作品色彩的和谐美。在与老师一起探索的过程中，每位孩子都在挖掘属于自己的符号，表示自己的想法。有的孩子说滑过整幅作品的那道细细的黑线好像一把用来割草的刀，那个"米"字像一片雪花等，在创作过程中，幼儿在自己的作品中掺杂着丰富的想法，用不同的符号为自己的作品讲述着不一样的故事。孩子们分别尝试了各种颜色的对比、面积的对比，感受不同对比色给人带来的视觉冲击。

七、幼儿作品展示及分析

幼儿作品（1）	作品分析
	幼儿模仿画家的配色方案，用彩色复印纸表达了对作品的理解，色彩的比例运用合理协调。星星符号的运用表明幼儿对这一符号的认可，其他线条和符号都用的黑色，使作品的色彩达到平衡。
幼儿作品（2）	作品分析
	废旧画板纸和丙烯的运用，使作品的色彩鲜艳夺目，颜色搭配和比例安排也非常好。
幼儿作品（3）	作品分析
	幼儿在老师的鼓励下尝试用橘色和蓝色进行搭配，也形成了冷暖色的对比，表达出个人对夏日午夜色彩的温暖感觉。

追随两颗行星游走的头发——米罗

图 6-6　追随两颗行星游走的头发

一、作品分析及欣赏定位

《追随两颗行星游走的头发》是画家米罗的作品。该作品没有具象的内容，只有用颜色区分的点、线、面。底色是大面积的绿，显示出稳重、大气。隐隐约约的黑色线条布满其中，使得画面更加生动，并增加了绿色的神秘感。橘黄色笔触不经意地跳跃其上，使画面在稳重之中又增添了轻松与活泼。作品一方面是简洁的色彩和简洁的构图，另一方面又是色彩面积和明亮度的强烈对比，两种表达手法共同作用，产生出一种协调、优雅的美，就如同一首绵长、优美的旋律，似隐似无的黑色线条则是音符的旋律变化。由于这幅作品的色彩感十分强烈，并且搭配非常简单，所以我们把这次欣赏活动定位在了色彩上，目的是培养小班儿童对色彩规律美的感受能力。

二、活动目标

（1）感知画面中色彩的简洁与色彩面积对比产生的视觉协调美。

（2）引导幼儿利用简单颜色体会自主创作的乐趣。

三、活动准备

材料：白纸、黄绿色颜料、油画棒、记号笔。

四、活动重点、难点

重点：让幼儿充分感知作品的色彩搭配特点，体会这样搭配产生的协调美。

难点：引导幼儿理解由简洁和对比形成的色彩美，并愿意尝试用这种规律创作美的作品。

五、活动过程

（一）欣赏过程

（1）引导幼儿观察画面内容，感受颜色的对比搭配，体会画面的意境。

①师：你们从这幅画中都看到了什么颜色？它们都在哪里？

②师：这些颜色中哪种面积最大？它是什么样子的？用手比比。

③师：谁的面积小？它是什么样子的？请你形容一下。

④师：画面上什么颜色最醒目？是面积大的绿色还是面积小的橘黄色？

⑤师：除了绿色的背景和橘黄色的圆点、线条，你们还发现了什么？你们认为它是什么？（幼：有些奇怪的形状，黑色的点点线线）

⑥师：这幅作品是画家米罗画的，他给作品起的名字叫《追随两颗行星游走的头发》，你们觉得哪是行星，哪是头发呢？

⑦师：大面积的绿色是什么？（幼：是天空）

⑧师：生活中我们看到的天空有绿色的吗？（幼：没有，是蓝色的）

⑨师：那说明天空的颜色是画家想象出来的。画家为什么要画绿色的天空呢？（幼：绿色比蓝色好看，他喜欢绿色）

⑩师：头发的颜色是怎么回事？（幼：也是他喜欢的颜色，他觉得比黑色的好看，外国人的头发是黄的，是染黄了的）

⑪师：米罗的画讲了一个故事：天空中出现了两颗行星，好奇的头发追了过去，和行星玩起捉迷藏的游戏。他觉得绿色和金黄色搭配更好看，就用了这两种颜色，又

觉得星星在天空中特别小,就用了黑色线条,这样行星就又小又清楚了。

(2)引导幼儿观察色彩的表达方法,体会其中的变化技巧。

①师:看看大面积的绿色是怎么画上去的?颜色涂的均匀吗?

②师:小的橘黄色的圆是怎么画上去的,色彩均匀吗?

③师:黄色的线是怎么画上去的,效果怎么样?

④师:画家用了这么多的方法来画这幅作品,你们觉得画出来的效果漂亮吗?哪儿漂亮,说说你的理由。

⑤师:我们画一幅作品的时候也用过这么多的方法吗?(幼:没有,我画画时就用一种方法;画不同的画用过不同的方法……)

⑥师:那我们用一种方法画的画和画家用多种方法画的画比,谁的效果更好?(幼:画家的效果好)

⑦师:用一种方法画,感觉就单一,用多种方法画,虽然内容很简单,但感觉可以很丰富。

(二)创作过程

(1)创作引导:幼儿尝试油水分离的表达方法。

师:现在,请你们也用色彩对比的方法创作一幅美丽的作品吧!

指导重点:指导幼儿在白纸上使用排刷涂画出面积较大的颜色及用记号笔完成剩余的添加。

(2)幼儿创作,教师个别指导。

指导重点:鼓励个性化的创作。

师:你们每个人的想法都不一样,我们快点画在纸上吧!

首先,肯定幼儿的想法,帮助幼儿完善。指导重点:强调色彩搭配的面积比例。

其次,反复强调色彩的面积。指导重点:鼓励创造自己的符号,表达自己的想法。

再次,帮助个别幼儿构建创作思路,养成其自主完成创作的习惯。

(三)评价过程

绘画结束后,孩子们的作品在桌面上摆放一排,教师组织他们进行讨论。

(1)哪幅作品表达出了面积大小不同的颜色呢?这样的颜色给了你什么样的感觉?

重点引导：色彩搭配协调。

（2）哪幅作品创作出了新的符号？介绍一下你的想法？

重点指导：符号表达有个性。

孩子们的回答积极热烈。有的说天天的作品最好看，因为他的画颜色涂得很均匀，有大块的颜色；有的说诗卿的作品最好看，他的弯线和黑点画得好。孩子们在欣赏过程中关注到了作品颜色面积的大小和线点，有了自己的认识，并在创作中大胆地表现了自己对作品的理解。

六、教学反思

在活动过程中，通过借助多媒体放映，使幼儿在欣赏中进行视觉对比，更容易帮助幼儿理解作品。通过提问引导幼儿积极思考，大胆表达自己的想法，在讨论中培养幼儿的审美情趣。在活动的结束部分，我们一起相互欣赏幼儿作品时，大家积极地发表了自己的看法，突出了幼儿的个性化发展及伙伴间的相互学习。

七、幼儿作品展示及分析

幼儿作品（1）	作品分析
	作品构图的感觉与原作相仿，有一种很强烈的向上运动的感觉。色彩的对比度稍弱，个性显得较为柔和。幼儿关注到了颜色面积的大小对比及空间布局的变化与协调，特别是有规律的线条运用和色彩的弱对比表现，使作品散发出淡雅的美。

续表

幼儿作品（2）	作品分析
	作品选择了草绿和中黄，对比度降低。幼儿选择了对原作进行模仿，用色干净，下笔大胆，画面点线面表现明确，构图合理。

有红、黄、蓝、黑色块的构图——蒙德里安

图 6-7　有红、黄、蓝、黑色块的构图

一、作品分析及欣赏定位

《有红、黄、蓝、黑色块的构图》是画家蒙德里安的作品。这幅作品以几何图形为绘画基本元素，通过符号化的视觉语言解构具象，用最单纯、最彻底的视觉抽象传达美的形式，是一种对于抽象视觉语言特别是点线面的形式美的探索。

红、黄、蓝、黑这四种单纯的颜色对于小班幼儿而言是容易理解和掌握的。因

此，我们把这次美术欣赏活动定位在对色彩的欣赏上，通过引导幼儿感知作品中简洁、单纯的色彩搭配，体验作品带来的装饰性美感。

二、活动目标

（1）感知作品中简洁、单纯的色彩，体验作品带来的装饰性美感。
（2）引导幼儿运用作品中的基本色彩进行创作。

三、活动准备

（1）画有大小不同格子的素描纸；红、黄、蓝、黑、白色水粉颜料，刷子，水粉笔，黑板纸（底色）。
（2）剪好图形的红、黄、蓝、白即时贴或彩色卡纸（大小与格子相同）。

四、活动重点、难点

重点：(1)多种方法引导幼儿感知画面中各种颜色使用的多少，找出它们的区别；(2)感受色块排列的绘画风格带给观众的节奏感，并尝试进行创作。

难点：颜料蘸取的多少是幼儿绘画时的难点，在幼儿涂色时，教师要注意引导他们掌握平涂的技能。拼摆即时贴也不容易，可以引导幼儿先把大的色块贴好，然后再用小的色块填充。

五、活动过程

（一）欣赏过程

（1）引导幼儿欣赏画面中的色彩，区分出有几种颜色，感知色块面积的大小和数量的多少。

①师：画面中有哪些颜色？（幼：有红色；有黄色）师：还有吗？（幼：白色；黑色）师：还有吗？（幼：深蓝色）

②师：你说的颜色在哪儿？请你用手指一指。（幼：在这儿，这儿，深蓝色在这儿）

③师：还有谁发现了其他颜色？用手指一指。

④师：你感觉画面上什么颜色最多？什么颜色最少？（幼：白色多；蓝色少）

⑤师：什么颜色不太多也不太少？（数了一会儿后）（幼：黄色和黑色）

（2）观察画面中色块的排列，寻找色块排列的规律。

①师：画面上的色块大小一样吗？谁大谁小？（幼：不一样。红色大，这个黑色小）

②师：说说这些色块是怎么排列的？（幼：红色挨着白色，白色挨着黄色，黄色挨着白色，白色挨着黑色，黑色挨着蓝色）

③师：有同样的两块颜色并列排在一起的吗？它们都是什么颜色？除了并列排放以外，还有什么样的？摆放在哪里？

④师：红色有并列排在一起的吗？为什么没有？图里能排下两块这样大的红色吗？

⑤师：那另一块红色在哪里？它是大还是小？

⑥师：画家为最大的红色配上一块最小的红色，这样的方法就叫作对比。

（3）讨论：感受作品中色块排列的绘画风格带给大家的节奏感。

①师：大的面积给你什么感觉？小的面积给你什么感觉？（幼：红色像我爸爸，我爸爸是大胖子；小白色像我妈妈，我妈妈瘦）

②师：画家作品中的颜色给你带来什么感觉？（颜色鲜艳明亮，格子大小有变化，简单醒目；整个画面有节奏富于变化）

（二）创作过程

（1）创作引导：鼓励幼儿运用色彩搭配的方法尝试创作。

介绍提供的材料，并说明使用的方法。

师：我们也试着用色块来创作一幅作品吧！想一想你想要让哪个颜色多，哪个颜色少？哪个颜色不多不少？多的颜色用在哪？少的颜色用在哪？不多不少的用在哪？

（2）幼儿创作，教师个别指导。

①指导幼儿先选择最多的颜色来涂，顺序是：从上到下，从左到右；指导蘸笔时颜色不要太多，涂色时不要将颜色覆盖；关注笔的使用，不同颜色的笔轮换着使用。

②指导幼儿按照自己设计的颜色多少来有序粘贴，一种颜色贴完了，再进行下一种颜色；按照格子尺寸来选择大小对应的彩色纸。

（三）评价过程

请幼儿分析大家的作品。

（1）哪幅作品色块、线条布局更有节奏感？

（2）哪幅作品与众不同，为什么？

（3）哪幅作品色彩运用得最和谐？

六、教学反思

小班幼儿对于周围环境中色彩鲜明的事物非常感兴趣。我班幼儿已经能够辨认和区分三原色，并且能用简单的词和句子表达自己的感受。在操作活动中，他们喜欢进行大面积的涂色，但不善于运用色彩表达具体的事物。我把此次开展美术欣赏活动的重点落在观察画面中的颜色并能进行区分，引导幼儿感知画面中颜色的多少及画面中色块排列的规律。由于孩子年龄小，手腕动作不协调，小肌肉发展还不是很灵活，所以为幼儿提供创作的材料很重要。

七、幼儿作品展示及分析

幼儿作品（1）	作品分析
	该作品基本是模仿了原作的色彩结构，而且对色块的切割是自己独立完成的。幼儿在创作过程中很好地体会了色块的并置和分离。
幼儿作品（2）	作品分析
	这幅作品的结构也是幼儿独自完成的。幼儿在创作过程中体会到了色块排列的规律，用有别于原作的方法进行了自己的创作，但是黑色的纸干扰了幼儿的思维，使黑色呈现出无序状态。

幼儿作品（3）	作品分析
	这幅作品是用打好格的半成品画纸创作的，降低了创作的难度。幼儿在创作中，通过模仿画家原作，对色块布局的规律能够有所体会。这种方法适宜不够自信的孩子和技能较弱的孩子使用。

第二节 线条要素作品欣赏案例

小小的希望——米罗

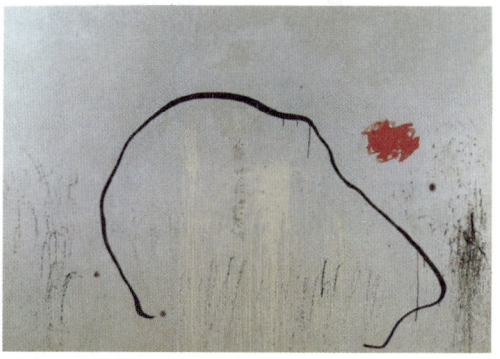

图 6-8 小小的希望

一、作品分析及欣赏定位

《小小的希望》这两幅作品是西班牙超现实主义画家米罗的作品。在这幅作品中，米罗用自由弯曲的线条、单色的涂抹，以及简单的红、黄、黑、白来表现稚拙形状，画面简单明了，洋溢着天真的气息。其简略的形状、强调笔触的点法，给人以奇思遐想、幽默趣味和清新的感觉。我们把这次美术欣赏活动定位在线条的形态变化上，目的是引导幼儿观察、感知作品中线条的多种形态以及由此产生的简洁美。

二、活动目标

（1）观察作品，感知作品中线条的不同形态，体会作品的简洁美。
（2）运用简洁有变化的线条进行创作。

三、活动准备

彩色卡纸、水溶性油画棒、牙刷、棉签、水彩笔、砂纸（黑色、棕色）。

四、活动重点、难点

重点：(1)通过提问引导幼儿感知画面中主要线条的弯曲形态，鼓励他们用语言或动作描述出来；(2)指导幼儿用弯曲的线条形态表现自己快乐的心情。

活动难点：(1)探索笔和工具的使用方法，表现出线条的长短、粗细、走向等不同效果；(2)引导幼儿在画面上控制自己的笔触，合理表达线条的情绪。

五、活动过程

（一）欣赏过程

（1）欣赏画面内容，感知画面中简洁的线条。

①师：(出示右边作品)这幅画中有一条什么样的黑线？（幼：弯的线）

②师：生活中你见过这样的线吗？它像什么？（幼：没见过。像一根头发；像电线；像月亮）

③师：弯曲的黑线就像快乐的头发，也像月亮，这是我们一下子就能看到的，那除了这条弯曲的黑线之外，画面中还有其他的线吗？（幼：有长有短的，都往下面画的线；线都离得很远，而且特别的少；下雨了一样，全是一丝一丝的；脏脏的像乱画的画）

④（出示左面的作品）师：这幅作品中的线和刚才那幅作品中的线一样吗？（幼：不一样；左面的画有好多的线，右面线特别的少；左边图片黑色的线变短了，没有红颜色的点了，有一个黄点；线条变得清楚了；我还能看见好多的小草；颜色不一

样了，好像多了很多绿色）

⑤师：刚才有小朋友说右面作品中的短线都是从上往下画的，那左面这幅作品中的小草是什么方向画的呢？（幼：是往上画的，草往上长，是活的）

（2）引导幼儿感知作品创作的技法，区别两幅作品中线条的不同？引导重点：观察画面中主线的变化、背景线的变化，并感知点在画面中的作用。

①师：好多小朋友都看出两幅作品中的线条是不一样的，那我们就梳理一下都有哪些变化吧！先看看线条长短有什么变化，哪些线条明显长，哪些线条明显短呢？（幼：黑色的线条长，下面的画最长）

②师：黑色的线条是作品表达的重心，也叫作品的前景，因此比其他的背景线都长，那线条的粗细有变化吗？（幼：看不出来，右面那条黑线有的地方粗，有的地方细）

③师：草地上的草粗细差不多，但草尖应该比草根细，能看出来吗？（幼：能）

④师：两幅画线条的疏密有变化吗？（幼：左面的画密密的，所有的线条都堆在一起了）

⑤师：两幅画颜色有什么不同？（幼：左面的画是绿色的；还有好多黑色的线；没有灰色的线；线有的深有的浅；右面的画有灰色的线，好多小小的点；像沙子一样，看着点多的特别脏；是太阳，红红的；左面的画不是红色是黄色的太阳）

（3）讨论作品的绘画意境，交流个人感受。引导重点：感知作品的情感内容。

①师：这两幅组画是画家米罗创作的，名称叫《小小的希望》，你们看看这两幅图中黑色的弧线，画家的希望变了吗？（幼：两幅画变得不一样了，变魔术一样线条都变了。前面的画有好多绿色的草；显得安静；我觉得热闹；后面的画粗的是大树，细的是小草；很多的小虫子开联欢会；小草要长个了，需要太阳爷爷的光；那是不是飞碟啊？）

②师：那画家的希望是变大了，还是变小了？（幼：变大了）

③师：画家的希望变大了，好像在做一个大大的梦，梦中的景色就变淡了。那谁来猜猜画家的心情怎样的呢？（幼：开心；越来越高兴；心里很烦，画了好多的斜道道）

④师：画家用这些简单的线条表达出了那么多可以猜想的内容，那让我们也用

简单的线创作一幅画，表达你现在的心情吧！

（二）创作体验过程

（1）创作引导，主要让幼儿体验线条的变化方式，如长短、走向、颜色深浅等。

①师：想想我们应该先画前景还是先画背景？（幼：背景）

②师：前景的颜色和背景的颜色能一样吗？（幼：不能）

③师：别忘了画中除了线条还要有彩色的点才好看，点的颜色和线条的颜色也要有区分。

④师：把你要用的不同颜色的笔挑出来，挑好了就开始画吧。

引导幼儿关注线条画的变化和有趣，鼓励让旁边小朋友猜猜自己作品所表达的心情。

（2）幼儿创作，教师个别指导。重点引导幼儿用点线面构成一幅简单的画面。

提醒幼儿注意颜料用量的多少，强调点与线在作品中的相互作用，知道背景色在画面中的位置，特别是背景色中线条的运用。

（三）作品评价

（1）欣赏背景色清晰、线条轮廓清晰的作品。

（2）主体线条表现得是否充分？能表达出自己的心情。

（3）说说你最喜欢哪些作品？原因是什么？

六、教学反思

在欣赏这幅画时，幼儿的回答表现出丰富的想象力。在创作过程中，我着重引导幼儿根据自己的回答进行绘画，鼓励他们把自己所想的表现出来。

根据小班幼儿的年龄特点，我在创作前请几名小朋友模仿线条的各种动态，例如直直的、弯弯扭扭的、环形的等，用形象的动作启发幼儿，并寓教于乐，让孩子把绘画当成一件快乐的事情。

尽管幼儿的想象很丰富，但对作品的观察还是会比较模糊，所以，需要老师进一步的引导，我就常常提出你是从哪看出来的问题，帮助幼儿把头脑中的表象变成清晰的图像。同时，在幼儿的绘画过程中，还要多肯定他们将物像夸张变形的想象力，使刚学到的能力与其创作意识融合，提升绘画水平。

七、幼儿作品展示及分析

幼儿作品（1）	作品分析
	背景色清晰，画面布局平衡，作品色彩给人以统一协调的感觉，线条用笔均匀，画面更完整。
幼儿作品（2）	作品分析
	线条排列有序，粗细、长短、强弱有别，笔触灵活多变，整体效果色彩饱满，有层次感。
幼儿作品（3）	作品分析
	幼儿对线条各种变化的模仿能力强，如弧度、垂直。

数字 23、无题——波洛克

图 6-9　数字 23、无题

一、作品分析及欣赏定位

"滴画"是世界著名画家波洛克创造的一种举世闻名的绘画技法，形成了抽象主义的一种经典绘画表现风格。《数字 23》和《无题》就是同类表现风格的两幅作品。画家在创作过程中随意地滴出粗细、干湿、断续不同的线条，尽情地表达其无拘无束的性格，使观者感受到以一个点开始运动，然后产生线条，继而制造出一种独特的韵味美，同时线条与线条之间叠落在一起还产生了运动美、叠加美和无法复制的独特美。我们把这次美术欣赏活动定位在对线条的欣赏上，旨在让幼儿感受到画面中每一点颜色和每一根线条创作的随意性、自主性，以及不同线条的运动叠加所产生的那种不可预测的奇特美感。

二、活动目标

（1）观察线条，感知作品中线条的多样性变化产生的运动美。
（2）运用富有变化的线条进行创作。

三、活动准备

经验准备：生活中注重鼓励孩子对事物进行大胆想象。

材料准备：图画纸、颜料、小球、吸管、棉线、滚轴、毛笔。

四、活动重点、难点

重点：体验不同方法材料所创作出的不同效果。

难点：尝试创造出具有动感的线条。

五、活动过程

（一）欣赏过程

（1）你在这幅画中都看到了什么样的线条？引导幼儿发掘画面中变化的线条所表达的各种形态。

①（盖住左图）师：画面中都有什么样的线？（幼：长线、短线、弯曲的线）师：生活中你见过这样的线吗？它们像什么？（幼：像毛线；像电线）

②师：画面中还有其他的线吗？它们都是什么样子的？（幼：有。像一个点溜出来的线）

③师：博文用了一个"溜"字很有意思，你能说说哪些线像是从点溜出来的吗？

④（揭开左图）师：看看这幅图，线条的粗细一样吗？（幼：不一样。中间的线条粗，周围的线条细，上边的线细。中间绿色的线条像一棵树，黑色的细线条像树枝）

⑤师：这些粗的线条是怎么形成的？也是溜上的吗？（幼：也是溜上的。不，是画的，因为溜不了这么粗）

⑥师：那一会我们就试一试用溜的方法能不能创作出粗细不同的线。

（2）引导幼儿观察画面中线条的疏密变化，以及带给人的不同感受。

①师：两幅画中的线条疏密程度一样吗？（幼：不一样）师：哪里不一样？（幼：红色少，黑色多）师：红色少黑色多是颜色使用多少的不同还是线条疏密的不同呢？［幼：是颜色多少不同。我觉得这幅画（指左图）画的稀，这幅（指右图）画的密］师：那这幅作品是中间的线条密还是四周的线条密呢？（幼：中间密，

边上少）

②师：密的线条给你什么样的感受？（幼：很结实，有力量）

③师：稀疏的线条又给你什么样的感受？（幼：很运动，很顺畅）

（3）体验画家创作的情感。

①师：你感觉画家创作时的心情是什么样子的？你从哪里看出来的？（幼：高兴，快乐。因为画的样子像跳舞）

②师：你觉得画家画画时的心情是放松的还是紧张的？（幼：放松的，因为到处都是运动的线，他画的很高兴）

③师：还能从哪里看出画家的心情是放松的？这两幅画的画面干净吗？（幼：干净）师：干净的画显得心情放松还是紧张呢？（幼：放松，我画画一紧张就容易把画画乱；我颜料蘸多了就会浸到别处，还会弄破）

④师：你们觉得这两幅作品哪幅更好看？（有的幼儿说都好看，有的则意见不同）师：我同意小朋友们觉得都好看的意见。因为我觉得左边的画显得心情单纯和甜美，右边的画显得心情复杂和细腻，它们表达了画家丰富多样的情感，所以都好看。

（二）创作体验过程

（1）创作引导。

首先，提供绘画材料，分别示范吸管和滚珠的使用方法和效果。请个别幼儿上前尝试。

其次，引导幼儿运用曲线、弧线、直线，构成一幅富有动感的画面，颜色以红黑为主，其他色彩为辅，或者用对比色进行色彩搭配，线条可以有重叠。

（2）幼儿创作，教师个别指导。

首先，帮助有困难的幼儿掌握吹画的技巧或者滚珠的技巧，控制个别幼儿把线条吹干再滴画新线。

其次，提示幼儿创意最有趣和富有变化的线条，让小朋友猜猜你画的线条在做什么。

（三）作品评价

在本次活动中，幼儿尝试运用多种材料进行创作，有的孩子选择运用滚轴；有的孩子选择运用小球蘸卜颜料滚动；有的孩子选择用细线弹画，在动手制作的过程中感受出线条在运动中的美。在创作过程中孩子们的兴致都很高,以游戏的方式利用线条的疏密表达自己绘画的心情。

(1)评价出线条表达丰富的作品。

(2)评价出线条表达富有创意的作品。

六、教学反思

在活动前给幼儿准备活动材料时要注意颜料的选择,在颜料的调试过程中加水的量要适中,过多水会使颜料在纸上不易着色或者到处乱流,破坏画面效果;如果颜料中不加水或者水加少了可能在小球滚动的过程中出现断色,所以老师准备的材料是孩子创作成功的基石。由于小班幼儿自控力不是很强,他们可能会在活动中弄脏自己,所以在活动前安全教育是必不可少的。

七、幼儿作品展示及分析

幼儿作品(1)	作品分析
	本幅作品运用的颜色对比鲜明、色彩鲜艳,线条粗细变化明显,充满动感,画面充满节奏感。
幼儿作品(2)	作品分析
	本幅作品运用玻璃球滚画的方法,以简单明了的颜色去展现球体在运动过程中的流线美。
幼儿作品(3)	作品分析

第六章 小班美术作品欣赏教学案例

续表

	本幅作品以吹画的方法进行创作，幼儿在创作过程中感知了线条与线条叠加时给人带来的感受，体验了线条流动的美。
幼儿作品（4）	作品分析
	幼儿在作品中加入了自己的想象，创作出一幅有故事情节的作品，并在作品完成时为大家讲述了一个跳舞的小姑娘的优美舞步。
幼儿作品（5）	作品分析
	本幅作品是以丙烯颜料创作而成，运用的是颜料的特性，在创作好的背景颜色上，利用毛笔将颜料甩在油画板上，体现出颜料在被抛出后产生的线条美。
幼儿作品（6）	作品分析
	幼儿运用自己的小嘴巴把油画板上的略微稀释的颜料进行吹画，在每种颜色的堆积之间，孩子又尝试用玻璃球在还未晾干的画面上滚动，将每种颜色之间融为一体，感受色块之间产生线条的感觉。

幼儿作品（7）	作品分析
	幼儿在调制水粉颜料时特别注意加水量的大小，利用奶粉勺底部小窟窿使得作品中的线条颜色薄厚区分、粗细区分明显，弯弯曲曲的线条形象很有凌乱美。

女人Ⅲ——米罗

图 6-10　女人 III

一、作品分析及欣赏定位

《女人 III》是西班牙画家米罗的作品，在这幅作品中，米罗用红黄黑三色线条大胆表现了一个女人的形象，其中每一根线条、每一个点都代表了一个事物。作品中还运用了柔和的红色和黄色，给人一种温暖祥和的感受。他随心所欲地使用色块，大胆与线条配合，没有标准的模式框架，只是表达了作者的特有想法，使作品充满幻想的幽默。米罗把对自然的情感融入绘画中，把现实的事物抽象成简单的线条,并把对线条的把握看作是对自然生活的理解。因此,他作品中的线条张弛有度,节奏感十足,用主观的意念勾勒出"米罗世界"的形象。可以说,线条带给米罗许多灵感,是他描绘形象、谱写"视觉"乐谱的最佳符号语言。

小班幼儿非常喜欢米罗的作品,让他们欣赏作品《女人Ⅲ》,画的是谁,长的什么样并不重要,重要的是激发幼儿表现的欲望,敢于像画家那样,用简单的线条勾勒,用色块涂抹,来表达自己内心的想法。

二、活动目标

(1)欣赏画面中流畅的线条,以及简单的表现方式。
(2)引导幼儿大胆进行创作。

三、活动准备

(1)绘画纸、油画棒、黑色水笔。
(2)水粉纸、水粉颜料、毛笔、海绵棒、棉签。

四、活动重点、难点

重点:感受作者是怎样通过抽象的线条表达作品中的人的。
难点:学习用多彩的颜色进行线条组合。

五、活动过程

(一)欣赏过程
(1)观察画面内容,感知线条的形态。重点:引导幼儿观察画面中不同色彩的线条是如何应用的。

①师:你在画面中看到了什么?它们在哪里?(幼用手指着)(幼:眼睛。有粗线和细线,有红色、黑色、黄色、绿色和蓝色)

②师:你觉得它们都是什么?(幼:黑色的像火车道;圆的像火球;是火箭;鼻子、血;眼睛、黑眼圈、嘴巴;刺猬)

③师:那看一看这幅画整体像什么?(幼:像一个人。是男的,因为他没有头发;

老人，他都走不动了；是女的，她戴着帽子和发卡）

④师：如果画的是人的话，这些线条像什么？（幼：身体，红色的一圈是血液，还有骨头，还有心脏）

（2）观察线条的作用，感知作品的抽象创作方法。

①师：这幅作品是画家米罗画的，他画的就是一个女人。她的外表有什么特点？长得胖还是瘦？她穿得华丽还是朴素？

②师：她在做什么？（幼：喝汤，黑圈是碗；喝水；吃饭，肉丸子，黑点是丸子；搬家、搬东西）

③师：这么多的东西你们是怎么看出来的？（幼：从线条看出来的，还有点）

④师：画中的线是什么样的？（幼：粗粗的；还有一点是细的）

⑤师：颜色是什么样的？（幼：有的地方比较乱，有的地方就特别清楚）

⑥师：画家这样画出的人给你什么样的感觉？（幼：温柔，高兴，舒服，美；烦恼，因为黑色比较多）

⑦师：那你喜欢这幅画吗？说说你的理由？（幼：喜欢，因为颜色比较鲜艳，线条特别清楚。喜欢，因为我觉得画起来比较简单）

（二）创作体验过程

（1）引导创作。

①师：我们也可以学着用这些色彩和线条画一画自己心目中的妈妈。

②师：老师准备了绘画材料，你们可以选择用油画棒画，也可以选择用水粉颜料画。

（2）幼儿创作，教师个别指导。

①师：要把妈妈画在画的中间，要画得大一些，这样可以把妈妈画得完整。

②师：可以先画中间的人，再画周围的背景。

③师：使用水粉的小朋友，笔上颜料不要蘸多了，不要把挨着的线条画混。

（三）评价过程

（1）欣赏线条流畅、色彩变化丰富的作品。

（2）欣赏画面完整、干净的作品。

（3）欣赏最有表达创意的作品。

六、教学反思

《女人Ⅲ》是一幅色彩亮丽,线条清晰的作品,既符合小班幼儿欣赏的能力,又贴近幼儿的生活,同时与小班幼儿的涂鸦期绘画特点相适应。

在欣赏过程中,由于小班幼儿语言表达能力以及观察能力都有待增强,因此,教师提问时,要由简单到复杂,逐步引导幼儿边观察,边回答问题。幼儿逐渐结合自己的已有经验,来感受画面,感受色彩的美,在幼儿的经验中圆形像很多的物品,而对线条也有了很多的想象,粗细不同,以及围成的形状。对于是一个人物的想象,幼儿的想法也多种多样,考虑到了头发、眼睛、卡子等。欣赏时在温柔的钢琴曲背景下,幼儿感到轻松愉快,畅所欲言的表达自己的想法。

在创作时为幼儿准备了水粉纸、水粉颜料等材料,绘画过程中引导幼儿注意表现线条的特点,以及线条所表现的内容,以及颜色的使用,鼓励幼儿大胆表达自己的想法,创作出自己喜欢的人物形象。幼儿表现时大胆灵活,积极动手,快乐自信地使用各种喜欢的颜色,感受到了创作的乐趣。

此次美术欣赏活动激发了幼儿对美术欣赏活动的兴趣,丰富了幼儿的审美经验,提高了幼儿的审美素养,培养了幼儿的艺术感受力和表现力,体验了成功,培养了自信,很好地完成了教学目标。

七、幼儿作品展示及分析

幼儿作品(1)	作品分析
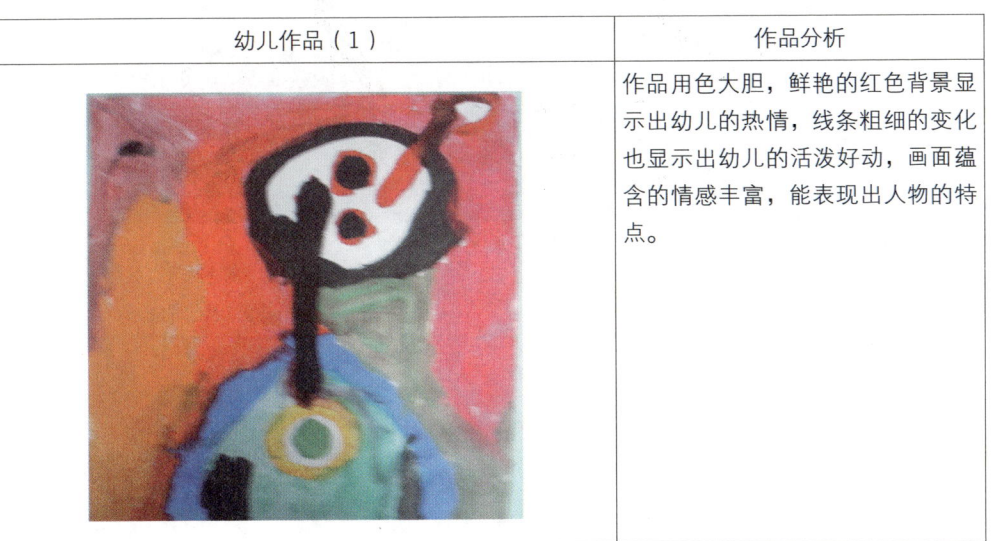	作品用色大胆,鲜艳的红色背景显示出幼儿的热情,线条粗细的变化也显示出幼儿的活泼好动,画面蕴含的情感丰富,能表现出人物的特点。

续表

幼儿作品（2）	作品分析
	作品中轮廓线单纯、明确，使形象醒目强烈、突出，线条流畅，具有极强的表现力和美感，幼儿创作有想法，大胆使用色彩进行组合。

人．鸟．星星——米罗

图 6-11 人．鸟．星星

一、作品分析及欣赏定位

《人．鸟．星星》是西班牙画家米罗的作品，这幅作品以蓝色为背景，在上面镶嵌了一些线条和符号，好像是在浩瀚的宇宙中充斥着为人所不知的东西。作品中的线条是点在运动中的痕迹，一个起点到达一个终点就形成了线。粗细线条的交叠，红黑线条的错落,都能带给观者一种视觉上的丰富。

《人.鸟.星星》这幅作品,里面充满了浪漫的想象。其背景的单纯、线条与符号的简单很容易被小班儿童认可。让幼儿欣赏这幅作品,可以调动幼儿绘画的积极性,通过对作品线条的感知理解,创造出属于自己的活灵活现的线条。

二、活动目标

(1)感知画面中通过点线的变化所产生的视觉韵律,激发幼儿的大胆想象。

(2)尝试运用粗细不同的点和线条进行绘画。

三、活动准备

材料准备:素描纸、棉麻布、丙烯颜料、毛笔、调色盘、围裙。

四、活动重点、难点

重点:引导幼儿发现画面中线条的形态和变化。

难点:鼓励创造自己的符号,运用线条的变化表达自己的想法。

五、活动过程

(一)欣赏过程

(1)观察画面,感知作品的表现形态。

①师:你从画面中看到了什么颜色?(幼:黑色、红色)

②师:除了黑色和红色你还看到了什么?(幼:背景是蓝色)

③师:这幅画用了一些线条,它们都是什么样的?(手指部分线条引导孩子说出来)(幼:有的粗,有的细;有黑色的,有红色的)

④师:这些线条是一根根分散的,还是连起来的?(幼:有分散的,也有连起来的)

⑤师:除了线条以外,画面中还有什么?(师用手指出画中黑色的点)(幼:点,这个像人头;这个像沙包)

(2)分析作品,感知内容表现的含义。

①师:画面中间这一组线条你们觉得像什么?(幼:中间粗的像个门,像窗户,

球门，弓箭）

②师：左边这些小一点的组合线呢？（幼：人摔倒了，像人；不知道是什么，奇怪的线，是一只趴着的大虫子吧，前边是手，后边是尾巴）

③师：左上角这组线条像什么呢？（幼：像蜻蜓，不是，那是米罗的星星）

（3）整理观察结果，感受作品情趣。

①师：你们觉得这幅画画的是什么呢？（幼：有一颗星星。那个像小人摔倒了；那个像大沙包；像石头）

②师：这幅作品是米罗大师画的，名字叫《人．鸟．星星》，刚刚我们的小朋友看出了"人"和"星星"，还有小朋友把这个看成了"沙包"或"石头"。那么他画的"鸟"在哪里呢？（这一问使得孩子再次注意到了中间部分的形象）（幼：这个是鸟吗，李老师？）师：我们可以想想看看，如果这个是"鸟"的话，鸟肯定有翅膀，那它的翅膀在哪里呢？（孩子指着下垂的两条粗线条）（幼：这个和这个是鸟的翅膀，红色的是鸟的嘴巴）

③师：你们以前用过这样的方法画画吗？（幼：没画过，没画过这样奇怪的人和鸟）

④师：那你们是怎么画的？和画家相比，谁的画画方法更简单？（幼：我画的线条多，难）

⑤师：你喜欢画家这幅画吗？如果是你，你想怎样画？

（二）创作体验过程

（1）鼓励个性化的创作。

师：小朋友们有没有更好的主意来画这幅画？比如你想怎么画人？怎么画星星？或者你想画其他的东西？（幼：我画好几颗星星。画得清楚点,让人知道画的是什么。我要画个太阳；我想画花儿）

（2）强调线条粗细变化。

帮助部分幼儿探索使用不同绘画工具，引导幼儿运用不同线条创造自己的符号，肯定幼儿敢于创作的行为。

（三）评价过程

（1）使用线条果断、流畅的作品。

（2）创作出不同表现符号的作品。

六、教学反思

通过观察画面，孩子们大胆想象画面的内容，观察到了"人""鸟"和"星星"，有的孩子把右下角的部分想象成了"大沙包""石头"，把左下角的线条想象成为一个跌倒的人，看到中间最大的标志物，有的孩子说像一个大大的音符，有的人说像一扇大门，不管孩子的想象是什么，他们在探索过程中感受到了米罗的创作风格，用不同的符号代表了鸟、星星、人，于是在创作过程中，孩子们也想象一些符号或者图案来表示自己心中想要表达的画面！有的幼儿还尽可能地把事物、景象表达得更加形象，通过幼儿的大胆想象，感受出画面中线条的韵律美。

在幼儿的创作过程中，大部分幼儿是以深蓝色为背景色，想象着"人""鸟""星星"是在天空中，先画背景色，再添加符号，但其中有一名幼儿，他事先画上他想要表达的符号最后填上了浅蓝色的背景色。在作品点评阶段，我请他讲述了自己的绘画，他说这些绘画符号分别表示这海边的海鸥、潜水的人和一些礁石，浅蓝色是大海里的水。他的想象结合他自己的已有经验，创作出了与众不同的画面效果。

七、幼儿作品展示及分析

幼儿作品（1）	作品分析
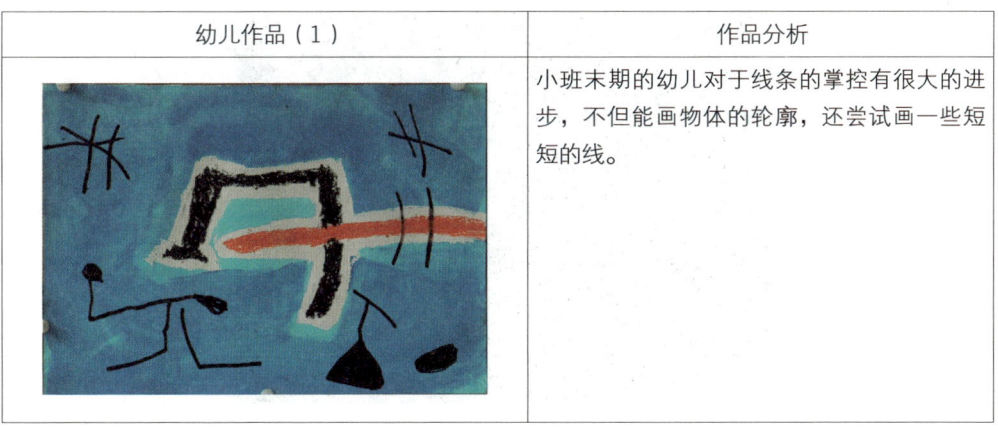	小班末期的幼儿对于线条的掌控有很大的进步，不但能画物体的轮廓，还尝试画一些短短的线。

续表

幼儿作品（2）	作品分析
	在孩子眼中，作者笔下的人、鸟、星星变成了一个大大的音符，和许多不同的小点点。
幼儿作品（3）	作品分析
	幼儿通过观察原作中的符号与同伴交流后在棉麻布上，画出属于自己的人、鸟、星星。

花——吴冠中

图 6-12 花

一、作品分析与欣赏定位

吴冠中是 20 世纪中国最伟大的画家之一。他将东西方两种绘画语言相结合，实践着"油画民族化""中国画现代化"的创作理念,形成了自己鲜明的艺术特色。《花》这幅作品就体现了这样的创作追求。画面中黑色的背景像是油画,多而不乱的线条和有层次的点染又充满了国画的韵味。整幅作品散发了一种温馨的气氛,呈现了生命的韵律美。

小班幼儿喜欢画线条,但对线条的感觉和控制能力还需要培养。我们让幼儿欣赏吴冠中的作品《花》,将那些短短的、缤纷有序的线条呈现在他们面前,引导他们观察、感受这些线条的形态美,并通过体验的方法,让幼儿选择喜欢的美术方式进行创作,感受简洁的线条与块面结合表达出的深远意境。

二、活动目标

(1)观察相近线条和圆点之间的排列组合,感受作品所呈现出的韵律美。
(2)用喜欢的方式表现点、线之间的结合,表达自己对作品的理解。

三、活动准备

黑色卡纸、绘画纸、水粉颜料(手指画颜料)、粗细不同的棉签、剪刀、胶棒、刮画纸、刮画笔。

四、活动重点、难点

重点:感知花的多种形态,点、线之间的疏密关系,体会画面动的感觉。
难点:指导幼儿在创作体验过程中,能够有意识地控制线条的形态,画出作品动态、温馨的感觉。

五、活动过程

(一)欣赏过程

(1)欣赏画面内容,感知花的主要形态。

①师:你们从这幅画面中看到了什么?它们是什么颜色的?(幼:小花,小草,蜜蜂,白色的,有一点点黄)

②师:小花开在什么地方?它是什么颜色的?

③师：黑色背景上的小花给你什么样的感觉？

④师：画家为什么要这样画小花？小花要是开在白色的背景上看起来还明显吗？

⑤师：那画在黑色的背景上好看还是画在白色的背景上好看？

教师提示：色彩的强烈对比使画面看起来更生动，更有立体感。

（2）引导幼儿感受画面中线条的运用。引导重点：鼓励幼儿自主观察画面中的花是如何表现的。

①师：这些美丽的花长的是什么样子的，它们的形态都一样吗？（幼：有的花瓣是圆的，有的是尖的）

教师提示：猜猜哪些花儿是先长出来的，哪些是后生长出来的，你从哪里看出来的？

②师：你觉得这些花儿是怎么画出来的？与花相连的有什么？

③师：细细长长的线在画中表现的是什么？它们是一样的吗？有哪些不同？

引导幼儿观察画面中线的对比关系，有长有短，有密有疏。

④师：这些线和色块、色点组成的花，形态一样吗？它们都像在做什么？

引导幼儿猜想不同的花在做什么，从而进一步感受线与面的疏密关系，体会整个画面的空间感。

（3）讨论对作品的整体感觉。

①师：这幅画的名称就叫作《花》，作者是吴冠中爷爷，他是我们国家非常著名的画家。

②师：你们觉得画家为什么要画这样一幅画？他是在什么时间画的？

③师：你觉得画家画画时的心情是什么样的？他是安静的还是激动的？是快乐的还是悲伤的？为什么？

④师：谁在大自然中见过什么样的花？生长在哪里？（幼：蝴蝶花、长寿花、菊花；长在公园里、花盆里）

教师提示：花有各种各样的颜色，生长的地方也不一样，有的花生长在明亮的地方，有的生长在阴暗的地方，有的生长在山坡上，还有的生长在田野里。

⑤师：你是什么时间见到的这些花？你觉得它们那时在做什么？（幼：有的是在春天，秋天也有花）

教师提示：花也和小朋友一样喜欢聚在一起做游戏，高兴的时候不停地摇摆自己的身体。

（二）创作体验过程

（1）创作引导。

①师：我们也来用这种简单的方法画一幅我们见过的小花吧！

②师：老师为你们准备了绘画纸和刮画纸，你们可以用画的方法和剪贴的方法进行创作。

③师：画完后要告诉小朋友你的小花在做什么？

（2）创作指导。

教师提醒幼儿注意线条在画面中的疏密关系。

（三）作品评价

（1）作品的线条有疏密、长短的变化，体现一定的空间层次感。

师：说一说你的小花都在做什么？是在跳舞呢，还是在迎风歌唱呢？

（2）作品的色块、色点大小有变化，色彩统一和谐。

师：哪幅作品中花的形状、颜色最好看，为什么？

六、教学反思

相对于中班、大班幼儿来说，小班幼儿美术欣赏活动则更侧重于对作品的感知和体验。我们在让幼儿感受点、线之间的疏密关系，体会画面所带来的空间感时，除了通过观察、提问和引导，还可以通过创设游戏情境的形式，让幼儿自己扮演画中的花草，亲身体会和同伴游戏的快乐，感受自己与同伴在空间位置上的远近亲疏关系。

由于年龄较小，小班幼儿对感知过的作品进行再创作时，还不能充分表达自己的感受。所以，为他们创设良好的绘画氛围，提供自由表现的空间就尤为重要。在此次活动中，我们为小班幼儿提供了丰富的活动材料，以激发其创作的愿望与兴趣为目的，鼓励他们用自己喜欢的方式大胆表达自己对作品的理解。

七、幼儿作品展示及分析

幼儿作品（1）	作品分析
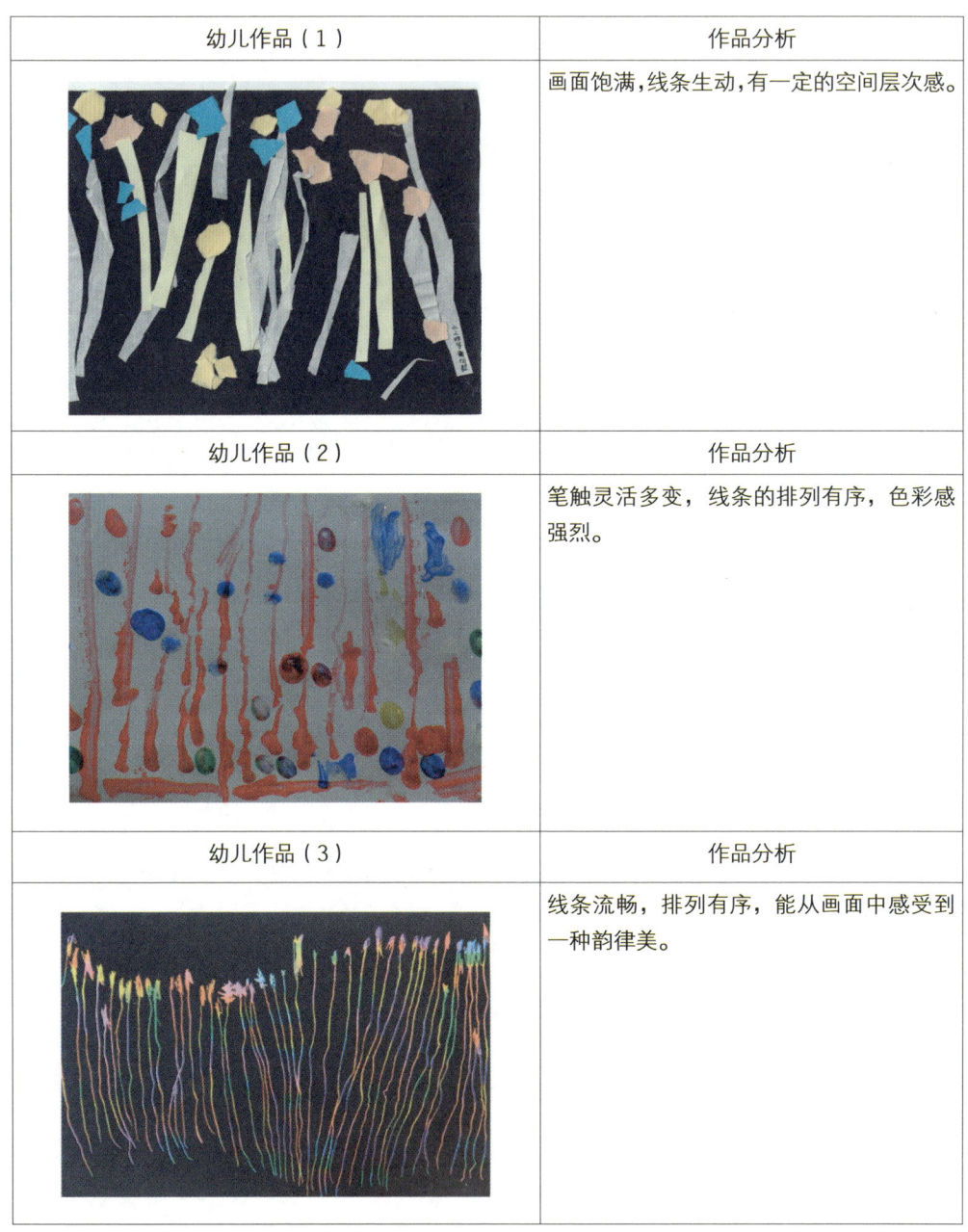	画面饱满，线条生动，有一定的空间层次感。
幼儿作品（2）	作品分析
	笔触灵活多变，线条的排列有序，色彩感强烈。
幼儿作品（3）	作品分析
	线条流畅，排列有序，能从画面中感受到一种韵律美。

第三节 构图要素作品欣赏案例

年轻女孩的肖像——米罗

图 6-13 年轻女孩的肖像

一、作品分析及欣赏定位

《年轻女孩的肖像》是西班牙画家米罗的作品,本幅作品构图简洁饱满,黄色背景下以大面积色块进行装饰堆积,将大小、色彩、形状不同的色块以上下对仗、左右对称的构图形式拼连在一起呈现于人们面前,给人以干净简洁、稚拙温馨的感觉。这与小班幼儿创作蝌蚪人的特点十分接近。让幼儿欣赏米罗的这幅作品,不仅可以拉近幼儿对作品的感情,还可以提升他们绘画的信心。

我们把这节欣赏活动课定位在作品的构图上,让幼儿根据自己的喜好,对每一个色块和它们之间的联系进行观察和想象,感受作品简洁、对称的构图风格,从作品中领悟大师的艺术魅力。

二、活动目标

（1）感知画面中简洁、规律的构图形式，体会作品的单纯美和节奏美。

（2）引导幼儿使用适宜的颜色创作构图简单的作品。

三、活动准备

材料准备：绘画纸、水粉、刷子、毛笔、棉签、黑色水笔。

四、活动重点、难点

重点：引导幼儿观察体会突出主体的构图方式。

难点：指导幼儿用简洁、对比的色块组合一幅作品。

五、活动过程

（一）欣赏作品

（1）观察画面整体结构，感受作品的简洁美。

①师：今天老师为你们带来了一幅简单的作品，上面只有几个色块，你们喜欢它吗？（幼：喜欢）

②师：你们喜欢这幅作品的什么？（幼：奇怪的样子；觉得好看）

③师：画上都有什么颜色？（幼：黑色；绿色；粉色；肉黄色）

④师：画上主要颜色的面积是大还是小？（幼：黄色最大；黑色大，红色和两边的绿色也大）

⑤师：形状像什么？（幼：黑色部分像小人戴着草帽）

⑥师：还有什么大块的颜色？

（2）引导幼儿观察画面中的具体内容。

师：画面中有哪些形状？这些形状都像什么？（幼：椭圆。下雨的雨滴、月亮形状、鸡蛋形、太阳形、三角形）

孩子们在边找边说的过程中，已经发现了像太阳的眼睛，像鸡蛋的脸，像三角形的裙子等，并猜想了反映心情的"雨滴眼泪"和"月亮眼泪"。

（3）引导幼儿感受作品的内在表现。

①师：这是画家米罗的作品，名字叫《年轻女孩的肖像》，画的是一个小姑娘。你们觉得这是一个什么样子的小姑娘呢？（幼：戴着黑色的帽子，帽子很大；穿着红色的裙子，是个三角形的裙子；扎两条辫子；她的嘴怎么那么尖呀？是涂了红嘴唇吧）

②师：画家画的这个人和你们平时画的人一样吗？（幼：不一样）

③师：那你们想尝试一下用画家的方法画一幅人物作品吗？（幼：想）

（二）幼儿创作

（1）创作引导。

首先，鼓励幼儿大胆尝试创作。指导要点：用颜色时注意不要将颜色混在一起，选取的颜色不要太多。其次，强调色彩搭配使用，并鼓励幼儿创造自己的符号。再次，鼓励幼儿敢于尝试用对比色进行色彩搭配。

（2）幼儿创作，教师个别指导。

（三）作品评价

（1）评价谁的作品线条果断、流畅？

（2）谁的作品富有动感？

六、教学反思

激发孩子对作品的兴趣，当把作品呈现在孩子们面前，孩子们很想了解画面内容，会说出"老师，这画的是什么啊？""是个人吧？""是云彩吧！"等这样或那样的问题。"孩子们不要着急，我们慢慢来看。"见孩子们有些着急，教师可劝慰他们。"其实老师也不知道米罗大师这幅画到底画的是什么，但是我们班的小朋友各个都很聪明，一定能够看出来、猜出来！"教师开始调动孩子们参与的积极性。"对！我们很棒！我们聪明！……"听到老师的夸奖，孩子们果然积极起来。于是开始引导孩子们仔细观察画面，并向他们提出问题。

提问对幼儿有很大的作用。我的提问顺序是由"颜色"到"形状"，然后再到"想象"。在"颜色"方面主要引导孩子发现画面中运用了多种颜色，显得很协调，有的颜色很柔和，有的颜色很沉闷；进而由颜色引发对心情的联想。在"形状"方面主要引导孩子发现画面中运用了多种不同的形状来代表画面内容，如太阳形的眼睛等；进而激发孩子在创作中也创造性地运用各种图形。在"想象"方面主要引导孩子想象画面的内容,以及作者想表达的人物心情,进而激发孩子在创作过程中大胆表现自己的心情或他人的心情。米罗大师的作品非常抽象,我们成人也只是靠想象去猜想他的画意,孩子们也是。所以我们不必评判哪个孩子的猜想对或是哪个孩子的猜想不对,对孩子们而言,他们能够被作品吸引,从而产生想法这就够了。

鼓励孩子大胆想象,画面上每一个图案都是发挥想象的元素,作为老师的我们,要善于借此来引发孩子们的各种想象,比如画面"人脸"中有一大块灰色,孩子们有的说那是泥巴,又由此联想到小人可能摔跤所以脸脏了;还有的孩子将他想象成"小人脸上起包了"。在引发孩子们想象的过程中,老师要注意提问的艺术,既然是想象,就没有固定的答案或结果,所以老师的提问要没有限定,比如可以使用"……可能是什么?"或是"……想什么呢?"等。

鼓励孩子创作表达,在鼓励孩子创作表达方面,我主要从两方面来鼓励孩子,即一方面鼓励孩子学习米罗大师运用多种颜色来创作,另一方面则鼓励孩子要表达出人物的心情来。

七、幼儿作品展示及分析

幼儿的创作思路完整,主体构图突出。但幼儿作品没有体现出欣赏画的构图特点,需要重新做课。

幼儿作品(1)	作品分析
	作品主要表达作者高兴、得意的心情。画面中有表达自己开心的符号,如眼睛的"十字",空中的"音符"等。

续表

幼儿作品（2）	作品分析
	作品主要表达作者因为自己种了一棵小花儿而高兴万分。
幼儿作品（3）	作品分析
	作者用月亮形状画眼睛表示自己开心的心情，两只胳膊也很特别，锯齿形的。
幼儿作品（4）	作品分析
	幼儿是个小女孩，她很想表现自己长得很美丽，看她的头发很特别，这是她自己创造的！耳朵、眼也很特别。
幼儿作品（5）	作品分析
	幼儿画了好几颗眼睛，有的眼睛在笑，有的眼睛在流泪。

续表

幼儿作品（6）	作品分析
	小狗的造型很可爱，幼儿说小狗因为穿上了漂亮的衣服特别开心。

游泳的人——毕加索

图 6-14　游泳的人 © Succession Picasso 2015

一、作品分析及欣赏定位

《游泳的人》是西班牙画家毕加索的作品，毕加索是当代西方最有创造性和影响最深远的艺术家之一，他试图通过对空间与物象的分解与重构，组建出一种新的绘画性的空间形体结构，并由此向人们提出了自然与绘画何者是现实，何者是幻觉的问题。《游泳的人》就是按照这种新思想创作出来的一幅作品。它采用了以实物拼贴画面图形的艺术手法，通过强烈的色彩对比，创造了一个生机勃勃的人物形象，背景创作中加强了画面的肌理变化，使整个画面变得生动活跃起来。

让小班幼儿欣赏《游泳的人》，他们曾经创作过或者正在创作"蝌蚪人"，自然而然地会对作品感到亲切，似乎那正是他们自己创作的画，而实际上，作品中人物自由舒展的造型，均衡、饱满的构图，简单而富有变化的色彩等，才是大师深厚艺术基础的体现。为了引导幼儿在艺术活动中追求作品构图的自觉，我们把这节美术欣赏活动课定位在作品人物的构图上,通过引导幼儿观察、感知、体会作品中的构图形式,感受作品散发出的艺术美。

二、活动目标

(1)感知画面表现出的构图形式,体会作品的均衡美。
(2)尝试运用这种构图方式进行创作。

三、活动准备

经验准备:(1)小班末期,已参加过近一学年的美术欣赏活动,有一定的欣赏基础;(2)对游泳有一定的体验或了解。

材料准备:红色、蓝色彩纸,白色绘画纸,油画棒,水彩笔,毛笔,水粉颜料,丙烯颜料。

四、活动重点、难点

重点:引导幼儿观察主体的构图位置。
难点:引导幼儿用自由舒展、突出主体的构图方式进行创作。

五、活动过程

(一)欣赏过程

(1)观察作品,感知作品主体的形态特征。

①师:你在画面中看到了什么?(幼:蓝色的水、蓝色的天空,大鸟、人、鳄鱼、水里的鱼)

②师:你看到的这个形象是大还是小?(幼:大)师:是比较大还是特别大?(幼:特别大)师:为什么说它特别大?还有办法画得更大吗?

③师:你看到的这个形象在作品中的什么位置?它是怎么把画面占满的?谁能用动作表示出来?

(2)观察主体与背景的关系,了解作品人物的姿态。

①师:你看到的这个形象在做什么?你是怎么看出来的?(幼:游泳、飞翔、玩)

②师：这幅作品是大画家毕加索创作的，名字叫《游泳的人》。谁能说说这个人是怎么在水中游泳的？（幼：他在蓝色的水中挥舞着胳膊还有腿）

③师：那这个人的方向是什么样的？头在哪？手在哪？腿又在哪？（幼：那个游泳的人双臂是张开的，腿在下面蹬水）

（3）感知、交流这幅作品带给人的感觉。

①师：这个游泳人的姿态给你什么感觉？说说你的理由？（幼：舒服、高兴、快乐、紧张）

②师：能看出画家画的这个人具体长什么样吗？（幼：不能，没有眼睛、鼻子和嘴）

③师：画家为什么不画具体的人呢？他想告诉我们是谁在游泳吗？（幼：不想。他觉得告诉我们，我们也不认识，因为离得太远，在外国）

④师：那画家要告诉我们什么呢？你觉得他喜欢游泳吗？（幼：喜欢，他很快乐；不喜欢游泳，我觉得这个人很害怕）

⑤师：画家画了一个游泳的人，这个人谁也认不出来。喜欢游泳的就觉得他在水中很自在，不喜欢游泳的就觉得他在水中很紧张。这样画人，我们以前试过吗？（幼：没有。我要是高兴，就画一个笑的人，不高兴，就画一个哭的人，有眼泪）

⑥师：那你们愿意也学着画家的样子，画一个姿态伸展的人吗？

（二）创作体验过程

（1）创作引导，鼓励幼儿选择不同材料及方法创作一幅游泳人的作品。

①师：老师为你们准备了彩色纸和剪刀、胶水，你们可以学着画家的样子，剪出一个游泳的人粘贴出一幅作品。老师还准备了图画纸和水笔、颜料，你们也可以自己画一个游泳的人。

②师：要注意作品中人物的大小，选择剪纸的小朋友可以先用纸比好了再画、再剪。

③师：要注意人物的姿态，想想你要表达的人是什么心情？这种心情应该是什么样子的？

（2）幼儿创作，教师个别指导。

①师：想用剪纸方法创作的小朋友可以选择蓝色的纸做水的背景，但是表现出的水是静止的；想要表现动态的水可以自己画，画好后再去剪游泳的人，等剪好了，蓝色的水也干了。

②师：选择画画的小朋友可以先画人物再画背景。如果先画了背景，就要等背景颜料干透了，再画水中的人。

（三）评价过程

（1）创作思路完整，主体构图突出的作品。

（2）主体形态生动，富有个性的作品。

六、教学反思

在本次活动中，幼儿首先通过观察大师作品，观察整幅画作的结构布局，孩子们感知到"游泳的人"充满整幅画作，在水中自由地舒展着自己的身体。在孩子自己动手绘画的过程中，孩子们在油画板上创作出宽宽的水面，有的孩子说他创作的是泳池，有的孩子说他创作的是大海，有的孩子说他创作的是家里的浴缸，他们希望自己能成为那个舒展臂膀游泳的人。在活动中，我根据本班幼儿特点进行了分组教学，根据幼儿个体发展，创设了难易不同的两组活动。对于发展较好的幼儿，我采取了让幼儿以水彩画的形式感受画面的构图；对于发展较慢的孩子，我采取了拼贴的方法使幼儿感知画面的结构布局。整个活动中幼儿以轻松的氛围，不同的方式感知画面的布局，尝试在作品中突出自己的绘画主题。

七、幼儿作品展示及分析

幼儿通过观察画面，感知画面的简洁、醒目，通过尝试撕纸粘贴体验画面的构图形式，感受不同构图方式给人带来的美的享受。孩子们敢于尝试使用新鲜的材料进行创作，将游泳的人与水表现得有声有色，更加跳跃。

幼儿作品（1）	作品分析
	幼儿大胆地对原作进行了模仿，注意了作品的主体突出的构图方式，用笔流畅，色彩饱满，表明幼儿已理解并掌握了均衡、饱满的构图形式，并有了独立创作的意识。幼儿运用水粉颜料在纸上创作出水纹的感觉，再利用撕纸粘贴表现出一位正在游泳的人。
幼儿作品（2）	作品分析
	幼儿已基本掌握主体突出的构图方式，能大胆表现，下笔明确肯定，表现出了人物的动态。红蓝对比色的运用，让画面更加鲜艳明朗。
幼儿作品（3）	作品分析
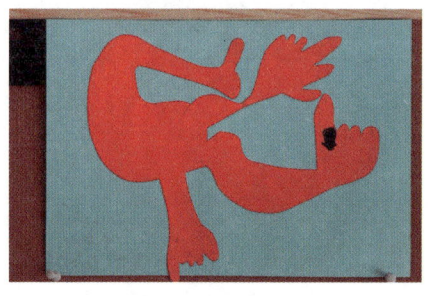	幼儿利用教师提供的撕纸小人，体验主体作品在整张画面中的位置。师幼合作的作品，让幼儿在操作过程中感受什么叫构图饱满、抽象表达、肢体舒展，也感受到了快乐和自信。
幼儿作品（4）	作品分析
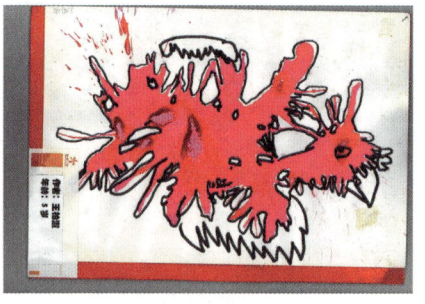	吹画钩边的表现形式，让幼儿感受到了在游戏中创作的乐趣。幼儿在吹的过程中，尽量将画面充满，体验了主体突出的构图方式，感受了画面的饱满与充实。

元音颂——米罗

图 6-15　元音颂

一、作品分析及欣赏定位

《元音颂》是西班牙超现实主义画家米罗的作品。米罗的画风体现了一个主观主义者的态度，本能地反对传统，想到什么就去描绘什么，其内容充满了奇思妙想，使人感到趣味横生。在《元音颂》这幅作品中，作者运用红、黄、蓝、绿等几种简单的基本色，将简略的形状一块一点地呈现，组合得相得益彰。其强调笔触的点法和精心安排的背景环境，给人耳目一新的感觉。

让小班幼儿欣赏米罗的这幅作品，就像是探索色彩与色块的一个快乐过程。画什么无关紧要，只需去将这些简单的色彩元素布满一片"宇宙天空"。黑色的背景，会将这些色点衬托得鲜艳夺目。教师的工作是引导幼儿感知、体会作品画面的整体布局，感受到那些原本无生命的圆圈是怎样通过散点式的构图具有了表现的张力，从而带给观者美妙的视觉冲动。

二、活动目标

（1）观察画面的散点式构图方式，感受画面带来的均衡美。

（2）运用不同的点和线尝试表现构图均衡的作品。

三、活动准备

活动区小组教学环境，桌面上摆放米罗的绘画作品《元音颂》；刮画纸、竹笔、黑卡纸、塑料指套、丙烯颜料、彩色卡纸（剪成大小不同的椭圆形）、蓝色卡纸纸条、胶棒。

四、活动重点、难点

重点：引导幼儿充分理解作品的散点式构图方式是通过不同色彩的均匀分布、不同色块的均匀分布实现的，并理解这种均匀分布带来的是作品的均衡美。

难点：在日常绘画中，幼儿习惯了用水平式的构图方式画画，因此需要教师调动他们的多种感官去体会散点式的构图表现方式，在绘画体验过程中打破原有的习惯，把简单的图形与线条由最初的相互对立、毫无联系向着统一、有联系的方向组合出来。

五、活动过程

（一）欣赏过程

（1）观察作品，感知画面内容。引导重点：鼓励幼儿大胆表述观察到的内容。

①师：画面中你看到了什么？（幼：好多小点点；我看见气球；很多漂亮的颜色；有蚯蚓）

②师：这些东西都是什么形状的？（幼：圆形；长方形；椭圆形；三角形；蝌蚪形）

③师：哪种形状最多呢？它们的大小一样吗？（幼：圆形最多；有大的还有好多小的圆形；不一样；有的大有的小；有的个子高；有的长得胖）

④师：画面中有线条吗？谁发现了给我们指指看？（幼：这有一根长长的直线；还有很多细细的条条）

⑤师：谁还能补充一下都有什么样的线条？（幼：有弯弯的线；直线；曲线；淡淡的线；有的长长的；有的特别短；粗细不一样、长线都在中间）

教师提示：这幅画是画家米罗的作品，名字叫《元音颂》，就像好多的音符在唱歌。

（2）观察作品构图，了解其构图形式。引导重点：鼓励幼儿发掘组成画面的基本元素，发掘作品中图形、线条的对比变化。

①师：看看这些美丽的音符都在哪里，请你指出来！（幼儿指出大小不同的色块）

②师：这些音符都分布在哪里？大的在哪里？小的在哪里？它们是集中的还是分散的？

③师：画面中的线条都在哪里？长的在哪里？短的在哪里？粗的在哪里？细的在哪里？它们是各自集中的还是分散的？

④师：你觉得画面中这样分散开的音符和线条好看吗？为什么？（幼：好看，能让我看见很多长的不一样的图形；分散开的；有在一起的圆点点）

补充：有一位幼儿在回答问题时还给我讲了一个小故事：在一个大森林里，黑黑的什么都看不见，好多的小宝宝（红色的小点点）迷路了，找不到爸爸妈妈，到处乱走，大家都离得远远的。老师们（大一些的椭圆形）都出来找小朋友，找到以后就用条长长的线让小朋友们领着，这样就不会再走丢了。

教师提示：鼓励幼儿在教室里自由走动，模拟故事中的情景，而后讨论"分散"一词。幼儿有了自己的亲身体会，理解了画面的内涵和整体构思，以及散点式构图的运用。

（3）感知、交流对作品的感受。引导重点：鼓励幼儿说出个人对散点式构图的感受。

①师：你们以前见过这样的作品吗？它和我们常见的画有什么不同？（幼：没见过，我们也没画过这样的画）

②师：那你们以前是怎样画的呢？（幼：就画上一些人，大的人是老师，小的人是小朋友）

③师：你们以前画的是具体的人，而画家米罗画的是符号，这些符号能代表好多意思。比如米罗说他画的是音符，而你们看到的是小朋友和老师。那一会你们愿意学着画家的方法也去画一张这样的画吗？（幼：愿意，我画的图形和线条像我们小朋友分散游戏的样子；像我们上英语课跳舞一样；你爱站哪儿就站哪儿；真舒服；大家都不会碰在一起）

④师：看看这幅作品的样子，感觉漂亮吗？为什么漂亮？（幼：漂亮。因为颜色很漂亮；因为到处都是美丽的圆点，还有线）

⑤师：色彩鲜艳，构图分散，所以均衡好看。

（二）创作体验过程

（1）创作引导：主要是鼓励幼儿使用散点式的构图方式进行创作，体验绘画活动中的乐趣。

①师：老师给你们准备了黑色的卡纸和刮画纸，因为在黑颜色上画画，各种色彩会显得更鲜艳。你们可以选择用绘画，或者刮画，或者粘贴的方法进行创作。看看谁能用大小不同的圆圈，长短不同的线组成一幅自由活动的画面。

提醒幼儿一定要用散点式的构图方式。

②师：在黑纸上先试试，看看选择的颜色漂亮吗？记得颜色不要选得太多，太多就不好画了。要换颜色试一试。

（2）幼儿创作，教师个别指导。

提示个别孩子，说说想用什么材料画，指导幼儿要一种一种颜色地画，使画面均匀。

询问个别孩子想画什么，帮助他用不同的颜色和形状代表不同角色，形成个性表达。绘画完毕后，让幼儿把作品展示到教学墙上。

（三）评价过程

①（组织幼儿面对教学墙围坐成半圆形）师：大家看一看这些作品中哪些是散点式构图的？（幼：我的是，我的也是）

由于教学引导得当和对个别幼儿的适宜帮助，所有孩子的作品都达到了教学要求。

②师：谁愿意介绍一下你是怎么创作出来的？

鼓励幼儿交流自己的构图方法。

③师：哪些作品的色块变化较多呢？说说你是怎么看出来的？

④师：在这些作品中，你最喜欢哪幅作品，说说你对它的感受？

六、教学反思

小班的幼儿，有过撕纸粘贴的经验，为了更好地提高幼儿的结构感知和布局能力，我利用课堂提问引发的故事情境带领幼儿游戏，以夸张的语言提示、兴奋的肢体动作带领幼儿感知散点式构图的效果，这样的感知欣赏环节比枯燥的欣赏更能调动幼儿的兴趣。

幼儿的创作环节是比较顺利的，因为所提供的操作工具、材料都比较适宜小班幼儿的操作：剪好的大小不同的圆形、彩条；粗细不同的刮画棍；方便卫生的塑料手指套，色彩鲜艳的水粉颜料，让幼儿在自由选择的方式下活动，释放了幼儿的想象力和创作力。作品展示环节，我请孩子们围成几个小圈互相欣赏、介绍自己的作品。几个圆圈的围坐形式形似于散点式构图的效果，也增强了幼儿对色彩的感受力，易于幼儿将图形与色彩联系起来。

七、幼儿作品展示及分析

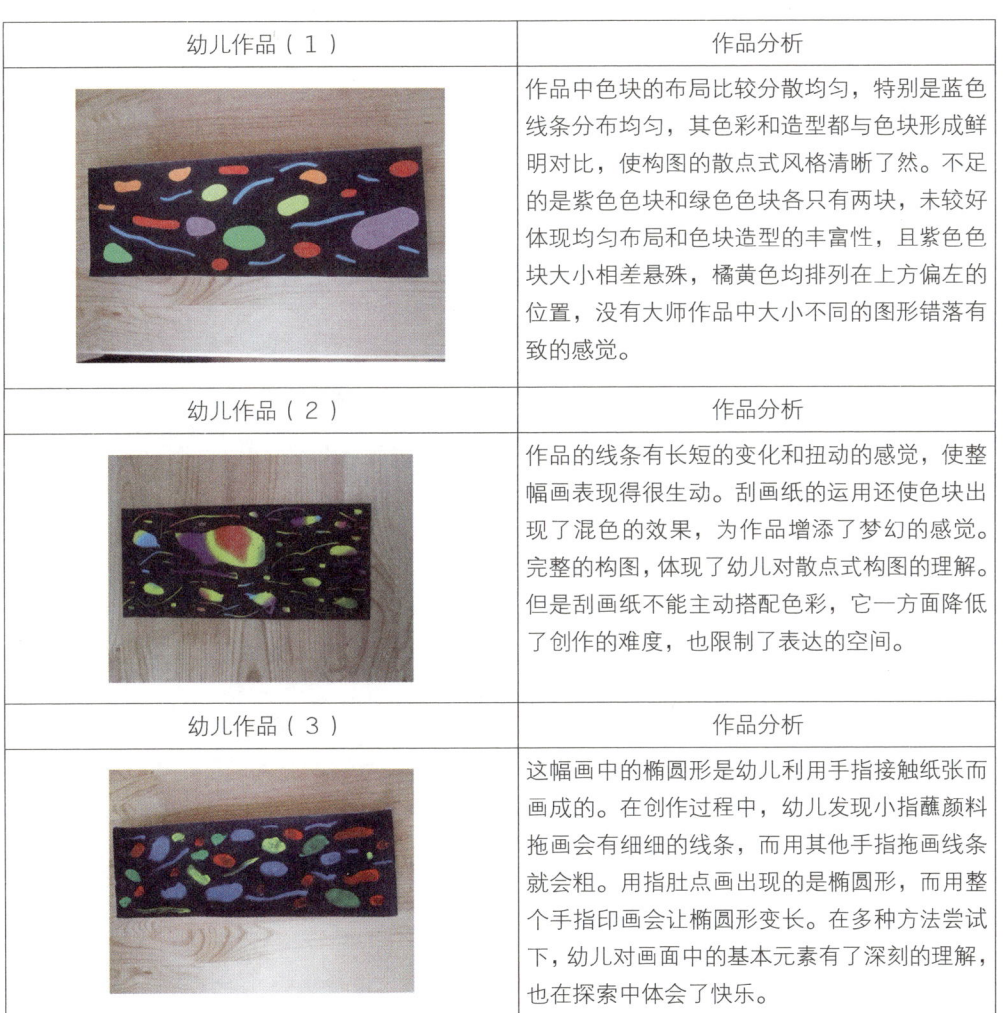

幼儿作品（1）	作品分析
	作品中色块的布局比较分散均匀，特别是蓝色线条分布均匀，其色彩和造型都与色块形成鲜明对比，使构图的散点式风格清晰了然。不足的是紫色色块和绿色色块各只有两块，未较好体现均匀布局和色块造型的丰富性，且紫色色块大小相差悬殊，橘黄色均排列在上方偏左的位置，没有大师作品中大小不同的图形错落有致的感觉。
幼儿作品（2）	作品分析
	作品的线条有长短的变化和扭动的感觉，使整幅画表现得很生动。刮画纸的运用还使色块出现了混色的效果，为作品增添了梦幻的感觉。完整的构图，体现了幼儿对散点式构图的理解。但是刮画纸不能主动搭配色彩，它一方面降低了创作的难度，也限制了表达的空间。
幼儿作品（3）	作品分析
	这幅画中的椭圆形是幼儿利用手指接触纸张而画成的。在创作过程中，幼儿发现小指颜料拖画会有细细的线条，而用其他手指拖画线条就会粗。用肚点画出现的是椭圆形，而用整个手指印画会让椭圆形变长。在多种方法尝试下，幼儿对画面中的基本元素有了深刻的理解，也在探索中体会了快乐。

绘画Ⅰ——米罗

图6-16　绘画Ⅰ

一、作品分析及欣赏定位

米罗的作品是令人愉快的,其画面洋溢着自由天真的气息,往往人见人爱。米罗在这幅叫作《绘画Ⅰ》的作品中,以有限的记号要素还原为绘画创作,达到现代画派自由表现的境地。他主张绘画所表现的神秘,必须以具体的自然形象作基础。因此,作品中的幻想虽神秘,其表现却明晰,充满了隐喻、幽默与轻快,表现出孩童般的纯朴天真,有着让人产生愉悦的力量。

小班幼儿在观察事物时没有明确的目的,观察的顺序比较紊乱,常常是碰到什么看什么,因此在构图上比较零乱。让幼儿欣赏作品《绘画Ⅰ》,可以让他们了解这种独特的构图形式——画面由点、线和不规则的抽象形体组成,感受到并列排序的构图特点可以产生简洁大方的美感。

二、活动目标

(1)观察画面并感受画面独特的构图特点。
(2)尝试用排列构图的方法创作美术作品。

三、活动准备

材料准备:绘画纸、板刷、毛笔、油画棒、墨汁、亚粉纸、水粉颜料、圆形即时贴、画笔、黑色粉笔。

四、活动重点、难点

重点：绘画的指导应侧重于有意识地引导幼儿观察画面中大小不一的圆形、粗细不同的线条、符号在构图上的排列关系。

难点：幼儿已经习惯了在画面上随意构图，如何使他们用画家的方法进行有规律的构图，探索画面的韵律美，还需要教师的巧妙引导。

五、活动过程

（一）欣赏过程

（1）观察画面，感知主要内容。

①师：画面中你看到了什么？（幼：有圆点，有小棍，有数字"1"；有蜘蛛，有梅花形的小花；有红色的太阳，还有小螺号）

②师：这些东西都是什么形状的？（幼：有圆形、椭圆形、三角形，有黑线，黑线有粗有细，有长有短）

③师：作品中横着、斜着、带钩的黑线都在哪里？它们是怎么排列的？（幼：有弯弯的线，在圆点的旁边，有的在上有的在下，有的像是在排队）

④师：作品中还有其他颜色吗？（幼：圆点的颜色不一样，有红色、黄色、绿色、紫色）

⑤教师讲述：这是画家米罗的作品，名字叫《绘画Ⅰ》。

（2）观察画面物体的排列顺序，感知规律的构图形式。

①师：你觉得画面中的形状是怎么样排列的？（幼：黑色的形状像是在站队，彩色的小圆点没有站队，去别的地方游戏去了）

②师：彩色的圆点在哪里？（幼：红色的站在黑形状的上面，黄色、绿色、紫色围着中间的黑形状做游戏）

③师：这样的排列好看吗？为什么？（幼：好看。因为站队了就丢不了了，它们很听话，没有到处乱跑）

④师：你觉得这些符号像什么？它们代表的是什么？（幼：像两个钩子，像小雪花，有斜着的线，像"米"字）

⑤师：这幅作品和我们以前看到的画相比有哪些特别之处？（幼：黑色的有竖线，有粗有细，还有像蜘蛛的；小圆点很少，不多；有很多不一样的符号，有大蜘蛛符号，有米字符号，很漂亮，很整齐）

⑥师：你觉得这幅作品画得整齐吗？整齐的作品好看吗？

⑦师：你觉得这幅作品内容丰富吗？内容丰富的作品让人喜欢吗？

⑧师：你觉得这幅作品中的形象有趣吗？形象有趣的作品可爱吗？

（二）创作过程

（1）创作引导。

①师：请你们也用排队构图的方法画一张好玩的作品吧！

②师：想想你用什么样的符号来排队，记得队伍不要排得太密，要让做游戏的圆点能够插进来。

③师：想想你喜欢用什么颜色做背景，做背景的颜色就不能用来画圆点了。

（2）幼儿创作，教师个别指导。

教师指导幼儿注意用大小不一样的圆点（椭圆形）绘画，引导幼儿交替使用色彩，并注意符号在画面中的排列。

（三）评价过程

（1）评价排列有规律的作品。

（2）评价有漂亮创意符号的作品。

六、教学反思

通过欣赏这幅画和创作作品，我们可以看出，幼儿作品构图比较整齐。通过幼儿的回答能看出，幼儿能够理解画面的内容，知道了集中和分散的含义。采用了肢体模仿高楼的方法，帮助幼儿理解了并列排序。通过举例站队的方法，帮助幼儿理解构图中分散和集中的含义。幼儿明白这些概念后，他们便敢大胆地创作有排列构图的作品。

通过简单的分享交流展示环节，幼儿获得了新经验，为下次活动的开展提供了良好的基础；通过交流分享，幼儿能积极地展示自我，增强自信；胆小的幼儿也得到了锻炼，能激起幼儿再次尝试创作的欲望。交流分享不愧是孩子学习的有效途径，能促进幼儿更好发展，增进幼儿之间的感情。

创作过程中幼儿的兴趣还是很浓厚的，通过平时的所见所闻，幼儿创作了许多不同的符号，幼儿的兴趣点不同，符号有三角形，甚至还长了腿；也有饼干形状的图形；有的幼儿兴趣点却在使用工具上，一会换油画棒，一会换毛笔。好像是在比较着什么。个别幼儿的绘画水平有所提高，能够画出三角形和有创意的图案。

七、幼儿作品呈现及分析

幼儿作品（1）	作品分析
	作品色彩明亮，出现了有创意的符号，体现了内容的生动、有趣，但作品没有体现出排列构图。
幼儿作品（2）	作品分析
	作品中幼儿对线条、符号的掌握很好，有长短、粗细的变化，整幅画构图完整，体现了幼儿对排列的理解。
幼儿作品（3）	作品分析
	这幅画是由颜料和油画棒相结合而创作的，在创作过程中，幼儿发现用颜料画彩色的圆点会更鲜明，而用油画棒表现线条和符号容易。作品对比性很强，幼儿在探索中体会了快乐。

蓝色Ⅱ——米罗

图 6-17　蓝色 Ⅱ

一、作品分析及欣赏定位

《蓝色Ⅱ》是西班牙超现实主义画家米罗的作品。在这幅画中，他把一些黑色的点安排成一条线，从一条鲜明的红色线条开始，伸展到画面的尽头。这些黑点有大有小，既有序排列，又错落有致，体现了米罗精心安排画面，以象征性的简略形状表达自己奇思遐想的创作风格。

小班幼儿常常将事物看作是独立的个体，在他们的作品中，只是把一些自己认为重要的、印象深刻的、与自己有着某种感情联系的物体——罗列到画面上，各个物体之间在形式上彼此没有联系，也不认为它们之间会发生任何关系。让幼儿欣赏作品《蓝色Ⅱ》，可以引导幼儿观察、感知作品中对画面整体布局的精心构思，了解散点式的构图方式，感受那些无生命的圆点，具有张力的线条所带来的视觉冲动。同时，画面中单一的图形又是幼儿轻松就能表现出来的，他们可以在没有空间方向的约束下探索作品的创作。

二、活动目标

（1）观察作品中点线的运用与分布，感受点、线呈现在画面上的结构美。

（2）运用不同的点和线尝试表现构图均衡的作品。

三、活动准备

材料准备：水粉纸、水粉颜料、海绵块、油画棒、排刷、墨汁、黑色水彩笔、小喷枪。

四、活动重点、难点

重点：绘画指导应侧重于有意识地引导幼儿观察画面中大小不一的圆形的排列，以及这些圆形与线条在构图上的关系。

难点：让幼儿将他们习惯的水平式构图方式调整为散点式构图方式，把图形和线条经过组合表现出来，使最初相互对立、毫无联系的艺术元素向着统一的、有联系的方向转变。

五、活动过程

（一）欣赏过程

（1）观察作品内容，感受点、线、面艺术表达元素。

①师：在这幅画中你看了什么？（幼：好多小点点，我看见洞洞，蓝天，长长的绳子，胡萝卜）

②师：画面中哪种颜色最多？它像什么？（幼：黑色、蓝色。蓝色像河水也像天空）

③师：那到底是黑色多还是蓝色多呢？（幼：蓝色多）师：对，蓝色是一大片，有的小朋友说像河水也像天空。

④师：还有小朋友说有黑色，它们都是什么形状的？（幼：圆形，椭圆形，圆点）

⑤师：这些圆形的大小一样吗？（幼：有大的有小的）

（2）观察画面中要素的排列，感知其点、线、面的构图形式。

教师提示：这幅画是画家米罗的作品，叫《蓝色Ⅱ》。让我们看看这幅叫《蓝色Ⅱ》的作品是怎么画的。

①师：画中这些小点点是怎么样排列的？和我们小朋友做哪些活动时一样？（幼：像我们在跳舞时的样子）

②师：他们是排列很整齐的吗？和我们排队一样吗？（幼：不一样，小点点排的不整齐）

③师：教师出示修改的图例1，如果我们让小点点排成整齐的队列，会给你怎样的感受？（幼：它们不开心了）

④师：那它们现在这样的排列给你怎样的感受？（幼：小点点很高兴，自由自在的）

⑤师：你能说说画家爷爷在这幅画中给我们讲了一个什么故事吗？（幼：很多的小黑球在一起玩游戏，又来了一个红球球，它们变成了好朋友一起玩游戏，在天空中跳舞）

教师鼓励幼儿自由在教室里走动，模拟故事中的情景，而后讨论"分散"一词。幼儿有了自己的亲身体会，进一步帮助幼儿理解了画面的内涵，对画面也有了一个整体的理解，充分感受了画面散点式构图的运用。

（3）画面中红色的点给你什么感受？引导重点：引导幼儿进一步感受画家对画面的精心构思。

①（教师出示另一张图例《蓝色》）师：现在这幅画有什么不同？（幼：红色的点点不见了）师：小朋友们和原图比较一下，画面中红色的点点像什么？（幼：像小虫子、还像胡萝卜）师：你喜欢哪一幅画，为什么？

②师：画面中黑色的部分像什么？它们是紧密的还是分散的？（幼：像小黑洞，像小球。分散开的）

③师：在这幅画中除了有很多的点点，还有别的吗？（幼：有一条线）师：它是什么样子的？（幼：弯弯曲曲的、细细的）师：它像什么？（幼：像小河）

（二）创作过程

（1）创作引导：主要是鼓励幼儿使用散点式的构图方式进行创作，体验绘画活动中的乐趣。

师：请你们也用画家的方法创作一幅画吧！说说你们想用什么材料创作？

教师提示：询问个别孩子，鼓励幼儿选择自己喜欢的材料，用自己喜欢的方式创作。帮助幼儿建立自己的想法。

（2）幼儿创作，教师个别指导。

教师提示：注意用大小不一样的圆形绘画。

（三）评价过程

（1）我们大家看一看这些作品有什么不同？请你来谈谈感受？

引导重点：哪幅作品敢于探索新的材料和工具？

（2）谁的作品用的是散点式构图，画的是自由活动的小图形？

引导重点：幼儿创作思路的完整性，散点式构图突出。

（3）你最喜欢哪幅作品，说说你的感受？

六、教学反思

小班的幼儿，有过画线团、点画的经验，为了使幼儿更好地理解散点式构图，我将作品中各个元素赋予生动的形象，使幼儿对作品有了初步的感性认识，然后通过肢体活动更加充分地感知散点式构图，幼儿对活动更加感兴趣。活动中教师的提问尤为重要，层层递进的追问让幼儿一步步理解作品。

幼儿的创作环节是比较顺利的，我们提供的操作工具、材料都比较适宜小班幼儿的操作：有普通水粉纸也有涂好蓝色的水粉纸，幼儿自主选择材料，满足不同水平的幼儿；幼儿还可以选择不同的绘画形式，这样其兴趣更浓。

作品展示环节，孩子们围成圆圈互相欣赏、介绍自己的作品。有的幼儿还能在教师的引导下将自己的作品描述成一个简单的小故事。

七、幼儿作品展示及分析

幼儿作品（1）	作品分析
	作品中色彩的选择鲜明，在绘画时幼儿能考虑到各个圆形间的距离，构成散点式构图。但是画面中图形的大小不突出，没有给人以错落有致的感觉。

续表

幼儿作品(2)	作品分析
	幼儿用剪纸粘贴的方法,表现了对米罗作品的理解和模仿,偏斜的构图反而体现了儿童的童趣与稚拙。
幼儿作品(3)	作品分析
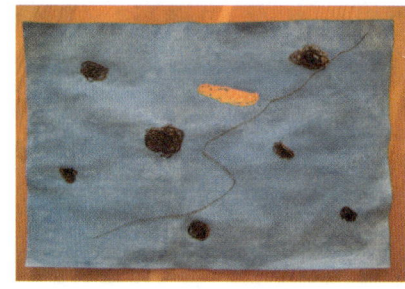	作品采用油水分离的绘画方式,幼儿采用画毛线团的方式来绘画圆形,一边画一边说这个线团小小的,这个线团大大的,还有一个线团散开了,它们在房子里跑得到处都是!通过幼儿的描述,幼儿对画面中的基本元素和散点式构图有了一定的理解,并在活动中体会了绘画快乐。

第四节 技法要素作品欣赏案例

绘画Ⅱ——米罗

图 6-18 绘画 Ⅱ

一、作品分析及欣赏定位

《绘画II》的作者是西班牙超现实主义画家米罗。在这幅作品里,米罗就像一个天真烂漫的顽童,随意而又淘气地画上了一个独特而又难以猜测的图案,而周围则分布了一些莫名其妙的图形与符号,乍看上去毫无章法,但细细品味,却有一种天真无邪、质朴可爱的稚趣扑面而来。作品以黑色为中心,在浅色的背景上点缀了淡淡的黄色和蓝色,使画面显得色彩纷呈,简单中不失丰富多变。突出主体的构图形式又让画面显得紧凑而简练,散发出纯洁天真的气韵。

《绘画II》这幅作品中的主要形象,很像小班幼儿想画又画不像的作品。让幼儿欣赏这幅作品,容易调动他们的兴趣,培养其对绘画的自信。因此我们把这节美术欣赏活动课定位在了创作技法上,通过提供多种美术工具,让幼儿体会创作的乐趣。

二、活动目标

(1)观察、想象作品的表达形式,感知画面中点、线、面,以及色彩的运用。

(2)尝试运用多种工具进行创作。

三、活动准备

材料准备:

(1)绘画纸、水粉、刷子、油画棒、线绳;

(2)彩色纸、彩纸条及不同形状的彩纸片、剪刀、胶棒。

四、活动重点、难点

重点:引导幼儿观察作品表达的不同形式,尝试用不同手法表达作品的不同内容。

难点:让幼儿学习、探索并掌握一些新的创作方法。

五、活动过程

(一)欣赏过程

(1)观察作品,感知作品中丰富的形象。引导重点:观察画面鼓励幼儿尝试自主发掘画面中表达的造型。

①师：你在画中看到了哪些形状？（幼：我看见了椭圆形；有长条形；这些是圆点；还有弯形）

②师：中间的形象像什么？（幼：像一个小人；像一只兔子；像大花猫；会跑的娃娃；我看它像一只大蚂蚁，真黑；旁边的小人像布娃娃，就跟老师讲故事时戴在手上的娃娃一样）

③师：这个样子的形象我们见过没有？（幼：我在动物园看见过；我没见过这样的小人；我跟爸爸在公园看见过；电视上也有；卡酷动漫里都是这样的小人；他们长得真难看，我不喜欢）

④师：画面中还画有什么？（幼：有蚯蚓；蓝色的月亮；有雪花；我看见电话了；有毛线团；我看见螃蟹了；有羊毛；在小人的脖子上）

⑤师：这些小人像是在做什么？它们是在玩吗？（幼：他们在玩丢手绢；他们在跑步；他们是在玩游戏，可是不高兴；他们在画画吧，就跟咱们给小猫画毛线团一样）

⑥师：这样一幅作品，可以让小朋友们看到这么多的东西，而且还不太一样，真是很神奇呀！

（2）观察作品的组合形式，探索作品的创作过程和方法。

①师：这幅作品中还有什么？我们可以找到点点吗？

②师：画面上有线条吗？（幼：有；我看见弯弯曲曲的线了；有围成圈的线）

③师：还有其他样子的线吗？（幼：弯弯折折的线；身上带圆点的直线；像小桥一样得线；转圈圈的线）

④师：画面中有带颜色的点和平面吗？（幼：有很多的小点；老师，什么是面啊？是面团吗？小的叫点，大的点点叫面，我上的美术班就教过我们）

⑤师：那你们分辨一下，画面中哪些是点，哪些是面呢？（幼：小人的脑袋和身体就叫作面；他的两条腿也是面；它的两只手是点，电话的两头也是点）（幼儿指着画中小人脚底下说道）

⑥师：那画面中，这些内容谁是最重要的？（幼：中间黑色的动物，那是一只大蚂蚁吧）（幼儿说完哈哈大笑起来）（幼：它太黑了；蚂蚁也是脑袋小小的，

长着圆圆的肚子;蚂蚁的腿就很细)

⑦师:猜猜这幅作品是怎么画出来的?是先画中间的形象还是先画背景呢?(幼:先画中间的,再画旁边小的东西,最后再给旁边涂色吧,我们平时就是这样画的)

⑧师:那中间大的形象和旁边小的形象都用同样的笔画吗?(幼:大的用粗笔,小的用细笔)

⑨师:那画后面的背景也用同样浓的颜色吗?(幼:背景的彩色是淡的,得用淡的颜色)

⑩师:那调水粉颜料时怎么能让颜色变淡呢?(幼:加水)

⑪师:加水后颜色就湿了,画到纸上不易干,容易把画面破坏掉。谁愿意试试把颜色加白的方法?

请幼儿到前面来,先用毛笔蘸色画一道红,再混上白色画出粉红,又请幼儿分别尝试粉蓝、粉绿、粉黄的画法,幼儿情绪很兴奋。

(3)感知、交流作品的审美情感。

①师:你们觉得这幅作品好看吗?哪里好看,告诉大家!(幼:好看,中间的蚂蚁特别有趣,旁边还有玩具,还有好看的颜色)

②师:你们觉得画家画画时的心情怎么样?他快乐吗?(幼:快乐,因为那些小人很开心,在玩游戏;我玩游戏时就很开心;应该不高兴,因为他屁股上有一只大螃蟹,多疼啊!他很着急,因为他在跑;他旁边的小人嘴都变形了,是不是哭得很伤心?)

③师:小朋友们观察得都很仔细,每个人也有自己对作品的特别感受。那接下来就请你们也学着画家的样子,画一幅属于你们自己心情的作品吧!

(二)创作体验过程

(1)引导幼儿创作。

①师:老师准备了绘画纸、水粉颜料和笔,还有一些小工具,喜欢绘画的小朋友可以选用这些材料画画。老师还准备了彩色的图画纸、剪刀和胶棒,喜欢粘贴的小朋友可以选择这些材料创作你的作品。

②师:想想你要画什么?它的形象是什么样子的?怎么表现出来?

（2）幼儿创作，教师个别指导。

师：注意要把主要形象画在画的中间，要画的大，颜色重，旁边小的形象和符号要画得轻些，后边彩色的背景要画得最轻，有轻有重的作品才丰富好看。

教师要提醒幼儿用过一种颜色后，要用嘴吹干，再选用另一种颜色。

（三）评价过程

（1）看看哪些作品的主体画在了画的中间，并且画得很大，很醒目？

（2）评一评哪些作品表现得特别有创意？

六、教学反思

小班幼儿正在逐步从绘画的"涂鸦阶段"向"象征阶段"过渡，这一阶段的孩子所画物像还不完整和准确，缺乏表现技能，虽然开始有了简单的设想，但仍不稳固，他们缺乏观察周围事物的能力，想象既贫乏又不稳定。

幼儿喜欢的是绘画的过程，对于画什么并不感兴趣。教师作为引导者和合作者，就要在教学中牢牢抓住幼儿感兴趣的事物，引导他们去进行细致的观察，在脑海中留下清晰丰富的印象，然后用美术的形式表达出来。如：在观察这幅画时，幼儿对画面中的大形象很感兴趣，把它说成是会跑的蚂蚁，还说成是小人、兔子。所以在绘画过程中，幼儿就会选择这些丰富有趣的内容进行绘画。

但是，我们还要注意一点，那就是大多数幼儿对美术活动兴趣持续时间不长，往往被一些小困难所吓倒，继而失去兴趣和信心。如：有的幼儿用水彩笔画形象，再用水粉上背景色时，只是涂一会就烦了，总是把形象遮盖住。这时候教师要使用一些小策略，让幼儿保持愉快的情绪，在没有任何负担和压力的情况下继续。如，可以对这位幼儿说："看，你画的这个小人多漂亮，可是没有朋友就很可怜了，你能帮它把藏起来的朋友找出来吗？"（指被颜料盖住的水粉笔形象）幼儿听了，兴趣就被激发了，会继续认真地涂背景色。从而达到了教学目的，使幼儿在轻松、自愿的氛围中掌握了技能。

教师在参与活动的过程中，要注意运用灵活的方式来保证活动有序进行，避免出现混乱现象。

七、幼儿作品展示及分析

幼儿作品（1）	作品分析
	幼儿对欣赏作品中的"螃蟹"特别感兴趣，本想多画上几只，但是觉得小人会疼，所以不画了。幼儿对形象的临摹很像，可是在周围小线条的运用上比较弱，想画雪花却画成了叉子。
幼儿作品（2）	作品分析
	幼儿画的是一个小朋友飘到天上去了，旁边有很多的小星星。幼儿能够根据自己的想象创作，对主题形象的位置和大小也做了合理的布置，在他的认知里，风会把小人吹到最高，也是最边的位置。

亲密交流的人——米罗

图 6-19　亲密交流的人

一、作品分析及欣赏定位

《亲密交流的人》是西班牙超现实主义画家米罗创作的一幅泥塑作品。这幅作品呈现了两个形态不同的人，他们相互对视、亲密沟通，传递出两人之间浓浓的情感。作家只用了红、黄、蓝三种颜色，塑造了两个抽象的形象。圆圆的大脑袋代表女性蓬松的头发，下部的黄色和红色是女性鲜艳的服饰。而倾斜向上的蓝色则代表男性挺拔高大的身体。这种超现实主义的创作方法打破了幼儿以往的泥塑经验，给他们带来全新的感觉。

让幼儿欣赏作家的这幅雕塑作品，不仅可以帮助小班幼儿练习团泥的技能，还可以学习到抽象造型的表达方法，以及怎样将情感融入到作品之中。

二、活动目标

（1）感知立体造型的空间美及原色对比的视觉美。
（2）鼓励幼儿运用有色陶土进行团捏造型、进行拼接创作。

三、活动准备

经验准备：有玩橡皮泥的经验，能进行简单的团捏技能。
材料准备：橡皮泥、牙签、小棍。

四、活动重点、难点

重点：尝试运用彩泥表现人物动态的造型，可以几个作品一起组合展示。
难点：幼儿通过"玩泥巴"，去体验不同揉捏方式的技巧。

五、活动过程

（一）欣赏过程

（1）观察感知作品形象。

①师：在这幅画面中你们看到了什么？你觉得这些形状像什么？有趣吗？（幼：像小人，怎么没有头发；像皮球；我觉得像手枪，打坏人用的枪；像OK，

我出去照片时就用手摆这个；像一只大手，伸出来去抓那个小人。不好玩，长得太难看了；我喜欢他们，小丑真可爱）

②师：这是米罗创作的雕塑作品，叫《亲密交流的人》。谁能指出人的身体部位？（幼：蓝色的圆形是人的头，红色是人的身体，红色是他的腿和脚；蓝色是另一个人的身体，红色是他的头吧，长得好怪啊！）

③师：头部上边的蓝色体是什么呢？谁能猜猜看（幼：是胳膊吧，往上伸着的，咦，怎么看不见手？）

④师：生活中你们见过这样的人吗？（幼：没有这样奇怪的人）

⑤师：这就是米罗的艺术风格，他经常不画出真实的形象，而是用一些形象或者符号，让别人去猜。

（2）观察作品细节，感知创作技巧。

①师：作品中什么颜色用得最多？（幼：蓝色最多了，有山那么大，还有红色、黄色）

②师：谁还能发现其它的颜色？（幼：有黑色的边，还有白色的细道道）

③师：这些黑色和白色的细道道有什么用？（幼：边的作用）

④师：这些边都用在了哪里？画家为什么要加上这些边呢？（幼：有帽子的边，还有衣服的边。有边好看；有边就像帽子了）

⑤师：你们都说得特别好，老师还觉得边可以分开两种不同的颜色，让它们不会混在一起。是不是这样？（幼：对，黑边就把黄色和红色分开了，还把人脸的红色和蓝色分开了；还有白色的边也能分开）

⑥师：这些物体是画出来的还是用彩泥塑造出来的？（幼：是泥塑的）

（3）引导幼儿感受作品内涵。

①师：米罗用泥塑造了两个亲密交流的人，这两个人的感觉是什么样的呢？让我们互相用手抱抱感觉一下吧！（幼儿相互拥抱）（幼：真舒服，抱起来软软的；老师，他抱我太紧，喘不过气了）

②师：谁知道这个作品是用什么材料，什么方法完成的？（幼：是用土做的，不对，用橡皮泥捏的；是石头，上面涂了颜色）

③师：作品中两个人的心情怎么样？（幼：开心的，因为他们在玩；因为它

像冰激凌，所以他很开心）

（二）创作体验过程

（1）创作引导。鼓励幼儿按照自己喜欢的方式进行捏泥创造，形象不要受到局限。

①师：今天就让我们学着大师的样子也创作一件泥塑作品吧！

②师：想好你要创作一件什么作品，这件作品怎么表达才能和生活中的不一样。

（2）幼儿创作，教师个别指导。

师：除了彩泥，老师还为小朋友准备了小棍和泥工工具，想要尝试做出细边的小朋友，可以找老师帮忙。

（三）评价过程

①师：看看我们的作品，哪些人物像是活的，特别招人喜欢呢？

②师：哪些作品的创作技能特别好，而且很有创意呢？

六、教学反思

玩泥巴是孩子的天性，所以，这种类似玩泥巴的玩橡皮泥的活动，能让幼儿在随意的敲、捏、搓的过程中感到快乐。当我班的孩子们手里拿到各色的橡皮泥时，从他们眼睛里都能看到兴奋。在他们为自己制作的人物造型进行拼接时，出现了脑袋装不上的情况，在多次尝试后孩子们想到了很多办法帮助它固定。我觉得游戏活动存在的意义是让幼儿在开心的探索中学习到知识，这才是课程设置的主要目的。

小班的幼儿对红、黄、蓝三原色已有基本认识，很多幼儿还能通过自己的动手尝试理解什么叫三原色，他们知道运用三原色可以创作出所有你想要的颜色来表现自己的想法。在提问"你觉得这些形状像什么？"时，幼儿的想象随经验和言语的发展而发展，逐渐产生了带有最简单的主题和主角的游戏活动，如"像一只大手，伸出来去抓那个小人"。但幼儿还是以无意想象占主导地位，说出来的比较贫乏、简单。

在创作过程中，幼儿通过欣赏、操作，丰富了创作灵感的源泉，如"像手枪"

到"伙伴的身体圆圆的",幼儿在发现中提升了欣赏能力。另外,制作过程是手、眼、脑协调互动的过程,不仅发展了幼儿的感知能力、观察能力和创造能力,还提高了动手能力。橡皮泥是不定型的,任凭幼儿怎么捏、揉都会是一件很有特色的作品,所以我们要学会欣赏幼儿作品中充满童趣的美。

七、幼儿作品展示及分析

幼儿作品(1)	作品分析
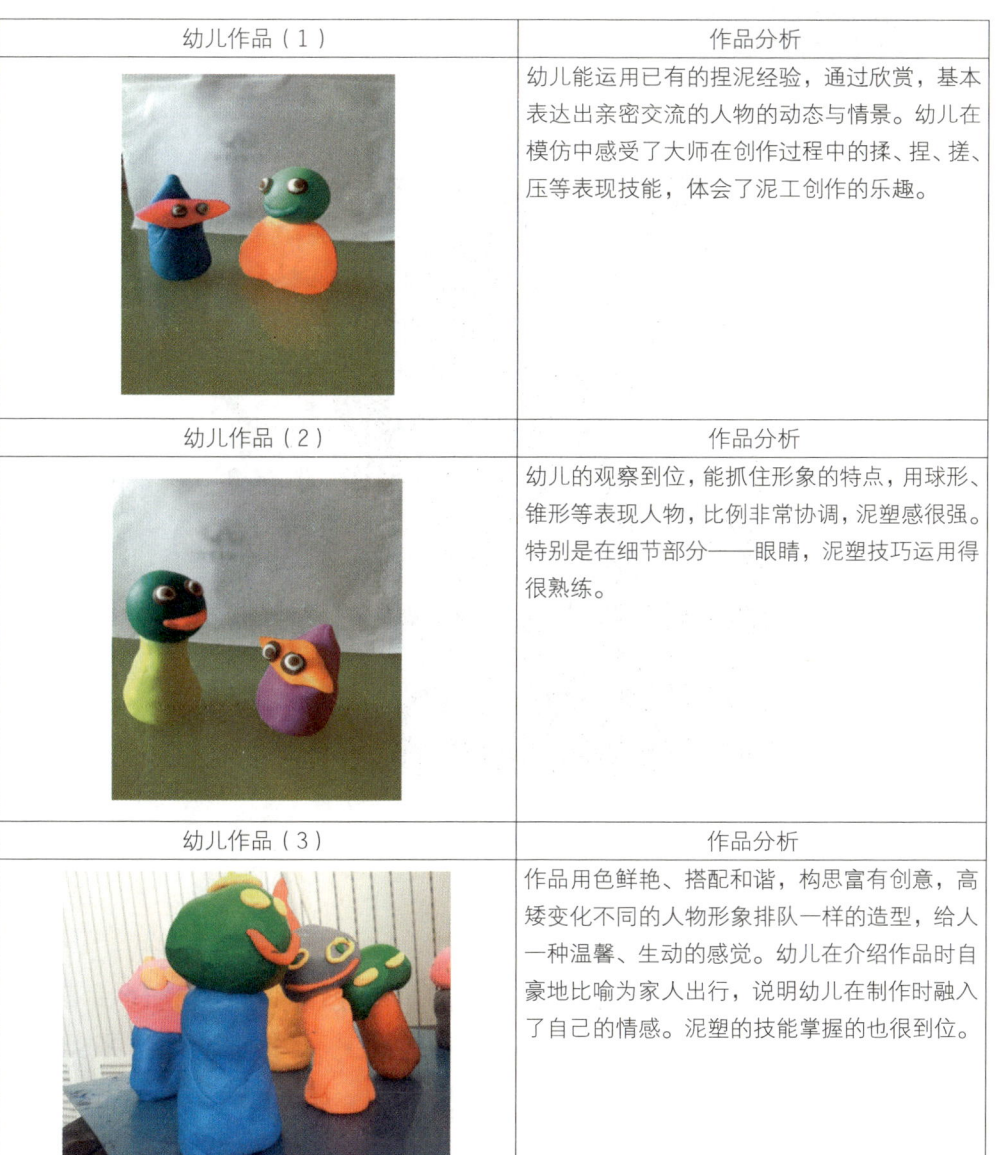	幼儿能运用已有的捏泥经验,通过欣赏,基本表达出亲密交流的人物的动态与情景。幼儿在模仿中感受了大师在创作过程中的揉、捏、搓、压等表现技能,体会了泥工创作的乐趣。
幼儿作品(2)	作品分析
	幼儿的观察到位,能抓住形象的特点,用球形、锥形等表现人物,比例非常协调,泥塑感很强。特别是在细节部分——眼睛,泥塑技巧运用得很熟练。
幼儿作品(3)	作品分析
	作品用色鲜艳、搭配和谐,构思富有创意,高矮变化不同的人物形象排队一样的造型,给人一种温馨、生动的感觉。幼儿在介绍作品时自豪地比喻为家人出行,说明幼儿在制作时融入了自己的情感。泥塑的技能掌握的也很到位。

幼儿作品（4）	作品分析
	幼儿的作品表现形式多样、造型多变，例如：高矮、头上装饰物、距离不同的小人，表现出了幼儿丰富的想象力和创造力。细看人物的五官，张着大嘴的、弯弯的眼睛的……能体现出交流中的表情变化。幼儿用团、搓等技能体现着造型人物的情感互动。

五月——米罗

图 6-20　五月

一、作品分析及欣赏定位

米罗的创作表现方式是有意地，打乱知觉的正常秩序，在直觉式的引导下，用一种近似于抽象的语言来表现心灵的即兴感应。因此在它的作品中会有象征的符号和简化的形象，使作品带有一种自由的抽象感，以及儿童般的天真气息。《五月》的创作主要是以粗细、长短、不规则的线条进行表现的，不规则的线条构成了多个图案，衬托在色彩斑斓的背景上，表达了大自然五月的色彩芬芳和走向炎热的躁动。

小班幼儿处于绘画的"涂鸦期",他们喜欢随意涂抹,对事物表现的动机和信心都十分脆弱。让他们欣赏作品《五月》,感知在画好的色块、色点上泼洒出黑色的细线,不仅是痛快淋漓的事情,还可以创作出美丽的观赏作品。这实在是太令人兴奋了。

二、活动目标

(1)感知黑色线条与色块的鲜明对比,感受作品的动态美。
(2)体验绘画工具的丰富,感受创作的自由惬意。

三、活动准备

材料:绘画纸、白色挂历纸、画架、画板、水粉颜料、墨汁、碳素墨水、刷子、毛笔、彩色喷漆、碎布头、滴管、棉签。

四、活动重点、难点

重点:感受原色的对比产生的视觉美。感知画面中黑色弯曲线条的意义。感受黑色的破坏作用和黑色在画面中起主导作用时带来的协调美。

难点:补充幼儿遗漏,鼓励幼儿进行创作准备。作品不一定要临摹,可以进行即兴创作。

五、活动过程

(一)欣赏过程

(1)感受原色的对比产生的视觉美。

①师:这些彩色的颜色你觉得哪个最好看?(有的幼儿说红色的好看,有的幼儿说黄色的好看,有的幼儿说绿色的好看,有的幼儿说黑色的好看,有的说像小手的地方好看,有的幼儿说绿色的圆圈好看,还有的说我喜欢蓝色表达)

②师:看到这些彩色的颜色你会想到什么?你觉得这些彩色的颜色像什么?(有的幼儿指着彩色的圆圈说像棉花糖,有的指着橘黄色说像脐橙,有的指着最

下面的红色说像血，有的说红色的像苹果，有的指着一条卷曲的红线说像蛇，有的指着黄色的说像太阳，有的说像月亮，这时他们还说出了有大太阳和小月亮）

③师：画面中哪种颜色最多？它们好看吗？（有的幼儿认为红色最多，有的认为黄色的最多，有的认为黑色的最多。无论是认为黑色的多还是认为是红色、黄色的最多，他们都认为好看）

④师：是不是这些黑色让那些漂亮的颜色变得难看了？（有的幼儿认为只是局部的一小块难看，说黑色的地方太大了，有的就说好看，他们说黑色的地方像鱼，像兔子，像螃蟹……他们觉得黑色的地方能构成一种图案，他们就觉得漂亮）

⑤师：这些黑色是不是在那些漂亮的彩色上面玩呢？它让你想到什么？（大部分幼儿认为黑色的形状很有趣，有的说是在做游戏，有的说是在打架，有的幼儿说他们全都飞上天了；有的说兔子在伸着脖子看。有的说帽子飞起来了，帽子长了两个长长的线；有的说小鱼和蝌蚪在水里玩，有的说是在打架，有的说人在抱着兔子，有的说有人在画画，因为有小手印；有的说下雨了，人看到雨很高兴）

⑥师：我们仔细看看，这些黑色的线条一样吗？再仔细看看他们还有哪些不一样？

⑦师：有些形状像小手你找到了吗？还有什么？（出示局部的黑色画面）（所有的幼儿一起回答，不一样。有的幼儿说有的线长，有的线短，有的是弯弯的，有的是细细的，有的是粗粗的。幼儿找到了小手的形状。还有的说像是小兔子，有的说像是螃蟹，有的说像是帽子，有的指着黑色长长的线说是黑色的轨道，黑色的路；有的说像是小手，有的说像是大鸟，还有的指着黑色的圆形说是和尚；还有的说是像人）

⑧师：细细的线条像什么？那些粗粗的呢？还有弯弯曲曲得线条像什么？（有的说像面条，有的说是下雨了，有的说在喷水。指着粗粗的线说是路，有的说是粗线，有的说是人的手，有的说是钩子，有的说叉子）

⑨师：你们现在觉得这幅画是不是很漂亮？你能猜猜这幅画里有故事吗？这个故事发生在怎样的季节？你是怎么看出来的？（幼儿都说漂亮。认为里面有故事，大部分幼儿说故事发生在春天和夏天。个别幼儿说是在冬天。幼儿不能完整的讲述一个故事。他们只是说了"有一天，兔子、大鸟出来玩……"）

（二）创作过程

1. 创作引导

作品不一定要临摹，可以进行创作，颜色根据所定主题进行选择（背景色不要超过4种），黑色一定要有（用于整理画面）。可以进行命题创作。

2. 创作指导

创作前引导幼儿先画彩色的色块，再画黑色的线条。师：你猜猜这幅画，是应该先画彩色的块块，还是黑黑的线条？

（三）评价过程

（1）看看谁的作品线条、色彩使用搭配好？

（2）评价哪幅作品画面布局均匀？

六、教学反思

小班幼儿逐渐从"涂鸦"过渡到"象征"，抽象画的创作符合他们的审美，在此基础上，幼儿可发挥创造力。

幼儿看到此幅作品很兴奋，黑色线条吸引了他们的注意力，整节课，教师也可引导幼儿注意线条的变化。

整节课幼儿表现活跃，对整幅作品创作有了初步的创新。

七、幼儿作品展示及分析

幼儿作品（1）	作品分析
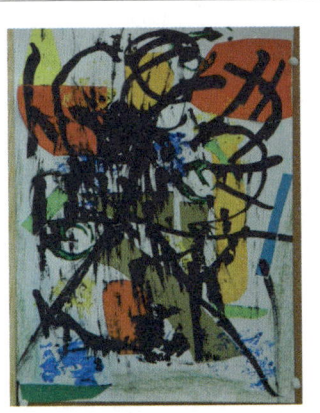	幼儿首先自行挑选自己喜欢的色块进行粘贴，从布局上看，幼儿更喜欢选用红色、黄色等明快的颜色。在使用黑色进行线条描绘过程中，幼儿注意到了局部与整体的关系，同时，黑色的线条描绘得很流畅。

续表

幼儿作品（2）	作品分析
	幼儿首先选用了自己喜欢的颜色进行了平涂，蓝色的色块分布得十分平均，很有整体感。幼儿使用了黄色、绿色和红色进行了点、画等其他方法的尝试。在使用黑色进行线条描绘时，幼儿注重了对色块的围绕，所以黑色线条的布局也很均匀。

红色的盘子——米罗

图6-21 红色的盘子

一、作品分析及欣赏定位

米罗是西班牙著名的超现实主义画家，也被称为梦幻绘画家。其绘画作品十分重视色彩、线条、结构等视觉因素和形式的完美。在作品《红色的盘子》中，米罗运用了将色彩自由泼洒的形式进行创作，红、白、黑的用色超凡脱俗，简单的造型中透露出智慧和无比的想象力。这幅作品的艺术语言在西方艺坛影响很大，并已被广泛运用于实用美术领域。

小班幼儿使用颜料的方法通常是海绵刷、海绵棒和印章，画出来的物品比较实，缺乏流动感和跳跃感。让他们欣赏作品《红色的盘子》，感知色彩在画面中炸裂似的感觉，知道通过一定的方法自己也能创作出这样有意思的作品，很容易激发他们绘画的热情，调动他们参与美术活动的积极性。

二、活动目标

（1）观察作品中画面的创作方式，感知笔触的自由变化。

（2）试使用不同的工具和颜料进行创作。

三、活动准备

材料：黑色画纸、大纸盒、玻璃球、印章、吸管、牙刷、纱网、滚珠等。

四、活动重点、难点

重点：感知作品中物体的形态，能分辨出黑色和红色的实以及表达出的确定品质；白色和其他色点的虚和表达出的不确定品质。

难点：探索白色的表现方法，如何让白色从中心点向四外发散。

五、活动过程

（一）欣赏过程

（1）观察画面，感知作品表达的内容。

①师：这幅画中你先看到了什么？它们在哪？

②师：画面中还有哪些细小的东西？它们在哪？

③师：你感觉这些东西都像什么？

（2）观察作品的表现形态，探究作品的创作方法。

①师：你们以前画过这样的画吗？如果画过，那你是怎么画的？

②师：谁能说说大面积的白颜色是怎么画上去的？

③师：这些白颜色有中心点吗？如果有，你认为在哪？颜料是怎么从中心点散发出去的？这样画出来的效果怎么样？感觉是实的还是虚的？

④师：红颜色的圆形像什么？它是怎么画上去的？它画上去的感觉是实的还

是虚的？是它先画上去的，还是白颜色先画上去的？

⑤师：画面中那些彩色的点是怎么画上去的？它们看起来和红颜色的大圆形比有什么不同？和白颜色比，它们是先画上去的还是后画上去的？

⑥师：画面中还有一些小的线条和符号，它们是怎么画上去的？它们是先画上去的还是后画上去的？

（3）感受作品创作方法带来的艺术美感。

①师：这幅作品中最醒目的颜色是什么？（幼：白色、红色，还有黑色）

②师：大家的感觉不太一样，米罗给他的画起名叫《红色的盘子》，红色就是他最想表达的。那画家为什么把白色画得很大呢？白色起什么作用？

③师：画家为了衬托他的盘子，就在下面画了大片的白色，而白色呢又在黑色上最明显，他就给作品填上了黑色的背景，你们觉得这样画好看吗（幼：喜欢，好看；因为没有黑色，就看不见白色了）

④师：这幅作品老师也觉得好看，老师还觉得画上的彩色小点、小符号和线条也特别有意思，让这幅画显得又淘气又神秘，就像小朋友在游戏。

（二）创作体验过程

（1）创作引导。

①师：请你们也尝试运用画家的方法创作一幅作品吧！

②师：老师为你们准备了各种不同的材料，这里面还有好玩的滚珠材料，你们可以自由选择。

③师：请选择黑色的卡纸先试着把不确定的白色画上去，画时注意让颜料从中心点随意扩散出去。

④师：画好了白色，要等颜料干了再画其他的东西。

（2）幼儿创作，教师指导。

重点关注选择滚珠画的孩子，告诉他们具体方法。

（三）评价过程

（1）画面中白色表达最有散发力的作品。

师：哪些作品中的白色有向外散发的感觉，说说你是怎么表现出来的？

（2）画面中细节处理较好的作品。

师：哪些作品中的细节是有变化的？说说都是怎么变的？

六、教学反思

孩子们看到这幅画时的第一感觉非常兴奋，觉得颜色对比很强烈，和平时见到的画在颜色运用上有很大的不同，而且绘画方法也和平时孩子们用水彩笔油画棒的方法有所不同。根据以上两个特点，我们和幼儿一起准备了不同寻常的材料。

材料运用：我们采用了一些不常用的绘画材料，有纸盒子、吸管、玻璃球、牙刷、纱网、印章等拓印工具，以及一些和常规绘画无关的材料，孩子们通过这些特殊材料的操作，绘制了不一样的盘子，孩子们在边玩边画的过程中创作了自己满意的作品。

颜色运用：平时孩子们画画都是画在白纸上，这次不同的是画在了黑纸上，在这个过程中，孩子们发现如果白颜色铺盖的不严实，那么画面就没有那么好看。吹吸管画画的过程中孩子们的经验也得到了提升。

七、幼儿作品展示及分析

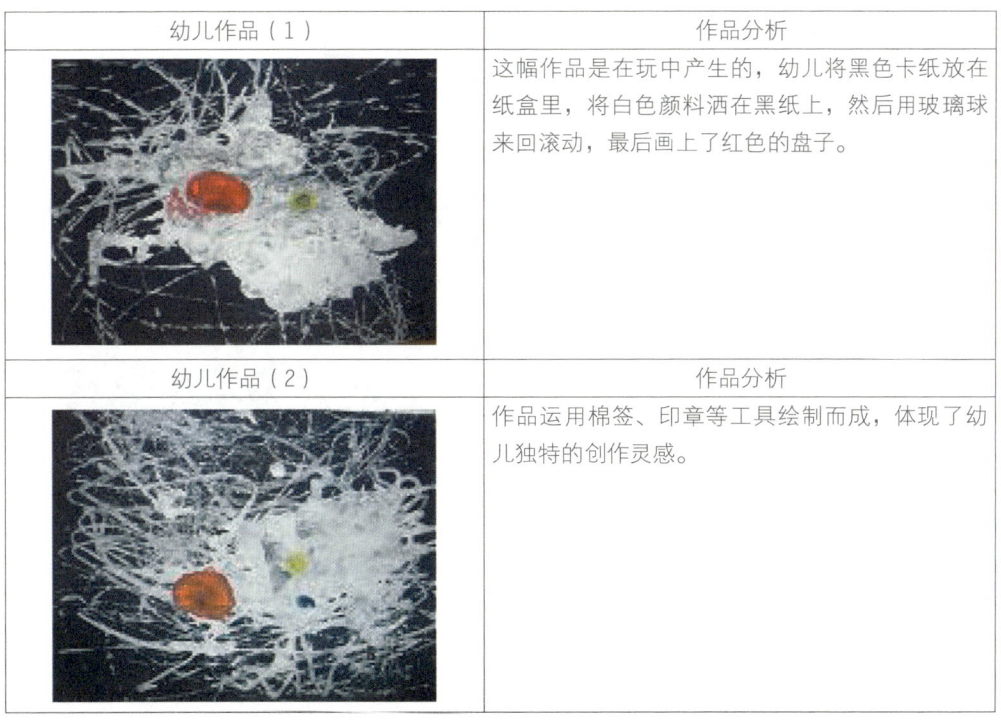

幼儿作品（1）	作品分析
	这幅作品是在玩中产生的，幼儿将黑色卡纸放在纸盒里，将白色颜料洒在黑纸上，然后用玻璃球来回滚动，最后画上了红色的盘子。
幼儿作品（2）	作品分析
	作品运用棉签、印章等工具绘制而成，体现了幼儿独特的创作灵感。

蜗牛——马蒂斯

图 6-22 蜗牛

一、作品分析及欣赏定位

马蒂斯是 20 世纪初最前卫的美术流派——野兽主义的领袖,他认为无论是和谐的色彩,还是不和谐的色彩,都能产生动人的效果。色彩的选择应以观察、感觉和各种经验为根本,色彩的目的是表达画家的需要,而不是看事物的需要,《蜗牛》就是这样一幅剪纸画作品。作者在创作中用大胆的色彩、简练的造型、和谐一致的构图以及强烈的装饰性,形成了他独特的画风——画面简洁、清晰,省略了多余的细节,以单纯的图形和色彩构成画面艺术形象。

小班幼儿喜欢鲜艳的色彩,作品《蜗牛》就迎合了他们的欣赏趣味。他们以前的剪纸作品,多是用独立的形象拼贴成一个完整的画面。《蜗牛》的创作方法则是用色彩丰富的色块拼贴成一个独立的物体。让幼儿欣赏这幅作品,观察绘画对象蜗牛的组合,感受画家幻想般独特的表达方法和可爱之处,可以发展他们的审美能力,培养创作的技巧。

二、活动目标

(1)观察画面中的不同颜色和图形,感知作品单纯鲜明的装饰性美感。

(2)用不同色彩的图形拼贴一幅作品,表达一个内容。

三、活动准备

材料:活动区小组教学环境、桌面上摆放马蒂斯的绘画作品《蜗牛》、与原作色彩相同的形状不同的彩纸、剪刀、胶棒、两面贴、即时贴。

四、活动重点、难点

重点：引导幼儿观察画面中大小不一的图形在构图上的关系，体会这种方法产生的色彩丰富和特别之处。

难点：指导幼儿合理性选择和搭配色彩，构建创作思路，抓住画面图形的主要组成特征。

五、活动过程

（一）欣赏过程

（1）观察画面，感知作品的绘画元素。

①师：你在画中都看到了什么形状？它们一样吗？（幼：不一样。有长方形；梯形；正方形的；台阶形的）

②师：这些形状都是什么颜色的？它们在画面的什么位置？（幼：它们都在里面；绿色的在中间；蓝色的最下面；绿色的还在那个角上；红色的在边上）

③师：画面上什么颜色最多？（幼：黄颜色）

④师：还有什么特别好看的颜色？（幼：蓝色好看；红色；粉色；紫色）

⑤师：有没有长得很相近的颜色？在哪里？（幼：两个绿色；黄色和橘黄色；红色和粉色）

⑥师：谁知道这些近似颜色的名字？（幼：黑色；橘黄色；粉色；绿色；浅绿色；红色）

（2）分析画面结构，感知造型特征。

①师：这些形状组合在一起像什么？（幼：像一座小房子；像拼的一只小鹿；像数字2；像看电视；像一座房子，像讲台；像台灯；像跳舞的小人）

②师：猜猜看画家表现的是什么东西？（幼：一个花园、积木，搭房子用的；动物园，好多小动物）

③师：画家作品中表现的内容叫蜗牛，它是怎么表现这只蜗牛的？（幼：画的大房了；蜗牛没有头，也没有脚；没有脑袋的蜗牛，都藏起来了）

④师：他画的蜗牛和我们平常见到的蜗牛有什么不同？（幼：蜗牛是圆圆的，这个是方形的，蜗牛没有这么多的颜色，蜗牛没有这么大）

⑤师：那这是一只真实的蜗牛还是画家心中喜欢的蜗牛？和真实的蜗牛比，哪个更漂亮呢？

⑥师：如果你喜欢的动物，比如小乌龟颜色画出来也不好看，那为了表达你喜欢它，你可以怎么画？

（3）感知创作方法，了解创作技巧。

①师：你觉得这幅画是用什么方法创作的？（幼：彩纸粘的；拼图一样；彩笔画的；照相机照的）

②师：这幅画就是彩纸粘的。画家先剪出色块，然后按照蜗牛的形状把它们排列成一个圈，再补上一条边就完成了。

（二）创作体验过程

（1）创作引导。

①师：我们也学着画家的方法用漂亮的图形创作一幅有趣的动物剪贴画吧！

②师：老师为你们准备了漂亮的小色块用来粘贴，也有彩色纸可以自己动手剪或者去撕。

③师：想想你们要表现的小动物是什么样的？它是长的还是圆的，是胖的还是瘦的？

（2）幼儿创作，教师个别指导。

师：可以先在画纸上摆一摆剪好的彩色纸，看看大小是不是合适？颜色搭配的漂不漂亮？

帮助有困难的小朋友揭开即时贴。

（三）点评过程

（1）粘贴出完整造型的作品。

（2）有个人创意的作品。

六、教学反思

人的审美感官主要是视觉，通过视觉可以看到各种色彩、美的事物。幼儿期的儿童好奇心强,喜欢鲜艳的色彩,所以在课上教师可以有意识地培养他们的色彩感知能力,认识红、黄、蓝、绿、粉等颜色,同时引导幼儿用生活中的物品进行艺术创作,通过提问:你喜欢什么颜色、还有什么东西可以用来创作这幅画、什么颜色相近等,帮助幼儿树立正确的审美观,引起幼儿愉快的体验,获得美的享受。

七、幼儿作品展示及分析

幼儿作品(1)	作品分析
	作品色彩很明亮,幼儿通过自己对作品的理解,模仿再现了此作品。在粘贴时幼儿能考虑到图形间的距离,完整诠释了作品。
幼儿作品(2)	作品分析
	作品中能运用不同花色的布头拼贴作品,在充分观察原作的构图方式后加入了自己对色彩的理解与运用。能体现自己独特的装饰性美感。
幼儿作品(3)	作品分析
	引导幼儿巧用身边的物品进行艺术创作。色彩、形状均符合原作的创作元素,幼儿通过对作品的理解巧妙拼贴,并将颜色和形状进行搭配,既有自己的想法,又有原作所表达的情感。

第五节 国画作品欣赏案例

雏鸡——齐白石

图 6-23 雏鸡

一、作品分析及欣赏定位

《雏鸡》作品中一共有 10 只可爱的小鸡。水墨画中的小鸡俏皮可人，浓淡墨色间透出了小鸡的灵性，栩栩如生，各不相同。有的在奔跑，有的在觅食，有的在探寻，充满田园稚趣。齐白石先生笔下雏鸡数笔即成，但笔形或圆或长，富于节奏变化；笔间水分渗润控制得恰到好处，画中描绘小鸡的形体结构、动态变化、毛质感和稚气神情，密合无间。

二、活动目标

（1）初步了解水墨画，感知画面中小鸡的动态美。

（2）尝试运用多种方法大胆创作小鸡。

三、活动准备

（1）生宣、海绵拓印棒、中白云、小狼毫、墨汁、毛毡、抹布等。

（2）已欣赏过小鸡游戏的视频，初步感知了小鸡特征。

四、活动重点、难点

重点：引导幼儿欣赏水墨画风格，感知小鸡的结构特征。

难点：体验水墨画水色的特点。

五、活动过程

（一）欣赏作品

（1）引导幼儿欣赏画面内容，引导重点：感知画面中小鸡的动态美。

①师：作品中画的是什么？（幼：小鸡；小鸟）

②师：你是怎么看出像小鸡的？（幼：是小鸡在找虫子吃；小鸡的脚像竹叶）

③师：你最喜欢哪一只？为什么？（幼：喜欢这只要飞起来的；喜欢这只正在捉虫的；喜欢这只向前走的）

（2）引导幼儿观察小鸡的头、身体、翅膀以及小爪的位置和方向，发现小鸡的形态结构和动态美。

①师：小鸡的头是什么形状的？身体呢？（幼：小鸡的头像圆形。身体也是圆的，胖乎乎的；身上还有小翅膀）

②师：它们是怎样连接在一起的？（幼：头和身体是连在一起的；挨着的；没有脖子）

③师：小鸡在朝哪边跑？它们的嘴、爪子朝向哪边？小翅膀怎么啦？为什么只能看到鸡的小爪子呢？（幼：朝着前面跑。嘴巴、爪子也往前面。翅膀张开了；

翅膀飞起来了。小鸡的腿藏到身体下面了）

教师鼓励幼儿尝试模仿小鸡的动态，如：找虫子、吃虫、奔跑、飞起等，进一步感知小鸡的形态结构和动态变化。

（2）感知作品的水墨特色，引导幼儿感知水墨画的特点，介绍海绵拓印棒、毛笔的使用方法。引导重点：感知作品中浓淡墨的变化。

①师：生活中我们看见的小鸡是什么样子？和画上的小鸡有什么不同？画上这些小鸡是什么颜色的？

②师：你知道这幅画是用什么工具和材料画的吗？这是幅中国画，是用墨和水创作出来的，也叫水墨画。（向幼儿介绍毛笔、墨汁、宣纸、画毡、中国画颜料等）师：小鸡身体颜色哪儿深，用了浓墨？哪儿浅，用了淡墨？（幼：头和翅膀深，用了浓墨；身体浅，用了淡墨）师：浓墨和淡墨看上去有什么不同的感觉？（幼：淡墨看上去毛茸茸的）

（二）创作

（1）引导幼儿创作。

①（教师示范画一只小鸡）师：想一想画小鸡哪里用浓墨？哪里用淡墨？

讲解正确握笔方法及水墨绘画的要求，用笔要轻，一笔一笔的画，不要来回反复的刷，注意观察浓墨、淡墨使用的区别。

②教师示范用海绵棒或其他材料拓印小鸡，感知多方法创作以及浓墨淡墨的变化，关注吸墨量的多少。

（2）鼓励幼儿敢于尝试探索工具，进行个性化创作。

①师：你喜欢用哪种方法创作小鸡？试一试，小鸡嘴要画尖尖的。

②师：想想小鸡在做什么？它正朝着哪个方向？

③师：小鸡喜欢在宽阔的地上玩，它们的动作和方向不一样。

（三）作品评价

（1）数一数，自己画了几只小鸡？你用了什么方法？

（2）说一说，自己作品中的小鸡在做什么？

（3）指一指，小鸡哪儿用了浓墨？哪儿用了淡墨？你觉得好看吗？

六、教学反思

幼儿能够大胆使用毛笔作画,初步学会毛笔的使用方法,但是运笔力度过大,宣纸容易破损。他们把握水墨的能力也很弱,需要教师帮助和指导。针对这个年龄的幼儿,拓印的技法比较适宜。教师应该准备好浓墨、淡墨,供幼儿拓印时自由选择。幼儿在拓印的基础上能够顺利添画小鸡的嘴巴、腿和爪子。作品中表现出的小鸡稚拙可爱、动态万千,符合幼儿的思维特点。

七、幼儿作品展示及分析

幼儿作品(1)	作品分析
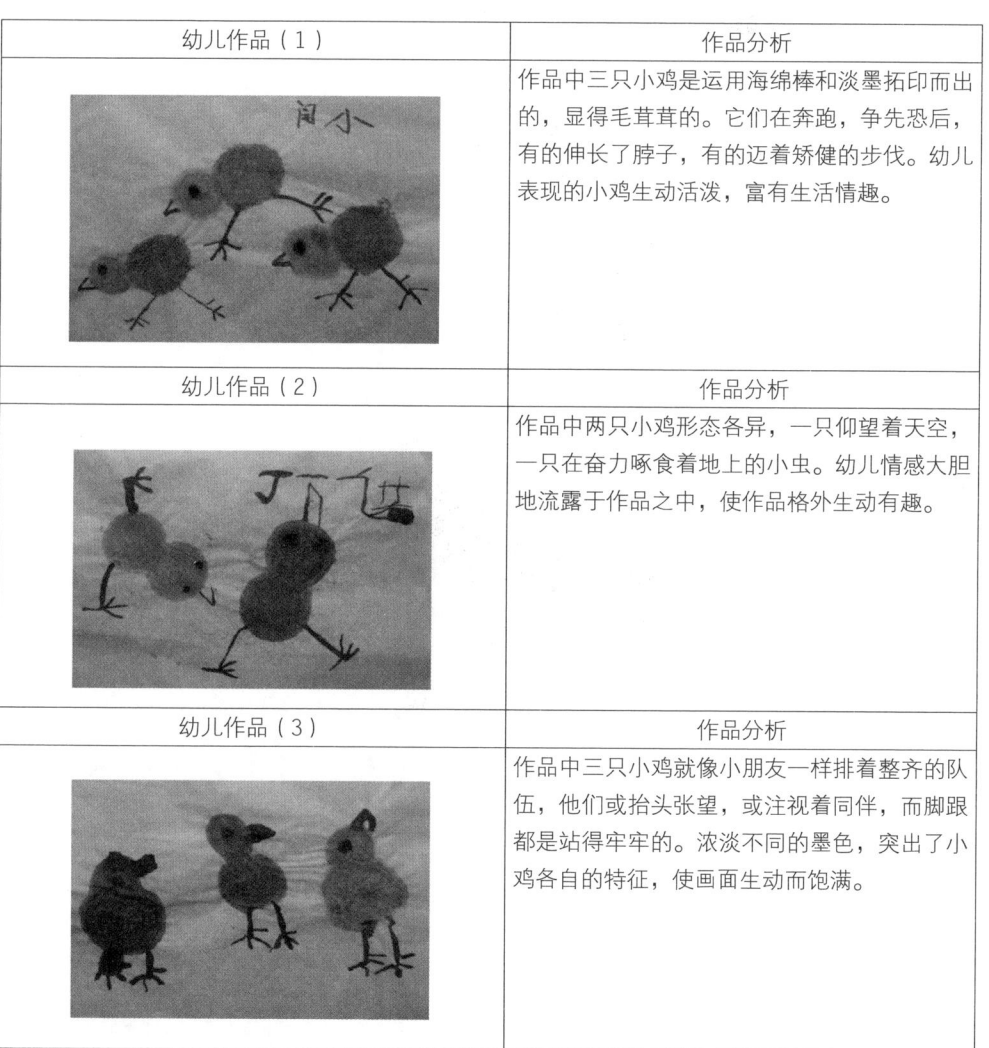	作品中三只小鸡是运用海绵棒和淡墨拓印而出的,显得毛茸茸的。它们在奔跑,争先恐后,有的伸长了脖子,有的迈着矫健的步伐。幼儿表现的小鸡生动活泼,富有生活情趣。
幼儿作品(2)	作品分析
	作品中两只小鸡形态各异,一只仰望着天空,一只在奋力啄食着地上的小虫。幼儿情感大胆地流露于作品之中,使作品格外生动有趣。
幼儿作品(3)	作品分析
	作品中三只小鸡就像小朋友一样排着整齐的队伍,他们或抬头张望,或注视着同伴,而脚跟都是站得牢牢的。浓淡不同的墨色,突出了小鸡各自的特征,使画面生动而饱满。

八、幼儿创作过程展示

八哥、白菜——齐白石

图 6-24　八哥、白菜

一、作品分析及欣赏定位

《八哥、白菜》是我国著名画家齐白石创作的作品，他的画风笔墨简练，具有独特的大写意风格，以画瓜果、蔬菜、花鸟虫鱼为绝。他主张艺术"妙在似与不似之间"，以其纯朴的民间艺术风格与传统的文人画风相融合，达到了中国现代花鸟画的最高境界。

为使幼儿理解和欣赏中国传统的绘画语言,我们特意以大师的《八哥、白菜》为切入点,意在让幼儿感受国画独特的艺术魅力。

二、活动目标

(1)体会墨色的浓淡干湿产生的艺术美感。
(2)观察画面中的八哥、白菜,感受作品表现的生活情趣。

三、活动准备

(1)活动区提供国画所需工具材料,让幼儿尝试用毛笔、墨汁进行绘画,对幼儿进行常规的美术指导。
(2)生宣、中白云、长锋、墨汁、毛毡、报纸、涮笔筒。

四、活动重点、难点

重点:体会作品所表现的野逸凝练的美,感受画家对生活的热爱。
难点:使用毛笔和墨汁进行绘画,体会墨色的浓淡、干湿的变化。

五、活动过程

(一)欣赏过程

(1)引导幼儿欣赏画面的主要内容。引导重点:将作品内容与幼儿生活建立联系,引导幼儿多方面感知画面内容。

①师:我们见过这两种东西吗?在什么地方?(幼:没见过;黑黑的鸟真难看;我知道这是菜;像是一棵大树;动画片里有这样的鸟)

②师:小鸟(八哥)长什么样子?(幼:嘴巴长长的;身上全是黑色的;长得真小,还没有白菜大;这是乌鸦吧,乌鸦可笨了,狐狸就把乌鸦嘴里的肉骗走了;是麻雀)

教师提示:幼儿对鸟名字的争议很大,为了让幼儿有正确的认识,教师可出示八哥、乌鸦等幼儿说出的鸟类的彩色图片,引导他们细致地观察其中的区别，帮助幼儿在脑海里建立清晰的形象特征，为其之后的绘画创作环节做铺垫。

③师：八哥它会做什么？你们见过白菜吗？（幼：八哥会吃肉；它会唱歌吧；八哥会跳来跳去的；见过很多的白菜）

④师：白菜被用来做什么？（幼：我喜欢吃幼儿园里的白菜；我种过白菜根，长得小黄花可漂亮了）

（2）引导幼儿关注画面的细节效果。引导重点：观察画面细节，引导幼儿尝试自主观察细节。

①师：想一想见过的八哥和白菜有什么特别奇怪的地方？（幼：白菜没有颜色，应该是绿色的叶；八哥身上还有白色的羽毛；八哥吃白菜，是吗？）

教师提示：幼儿对这个问题的反应不是很好，不太理解"什么特别奇怪的地方？"这种问法。我调整为"生活中的八哥、白菜跟这幅画上的一样吗"。

②师：看看作品中有画出来没有？（幼：没有）

③师：还有什么没有画出来？（幼：八哥的尾巴没画；八哥的翅膀没有；白菜的根没有这么小，应该有很多白须须；八哥住的房子）

（3）幼儿感知作品创作的技法。引导重点：引导幼儿区分浓淡两种墨色的不同。

①师：我们看一看这幅作品的墨色有什么不一样？（幼：鸟身上特别黑；白菜是灰色的；白菜上面有两种颜色，一深一浅）

②师：它们分为几种？你能帮我指出来吗？（幼：两种；三种）

③师：画面中除了八哥和白菜以外，你还看到了什么？（幼：有很多字；跟现在的字不一样；字是竖着写的）

教师提示：引导幼儿观察这些字是如何排列的，感受整个画面的布局，体会国画的画面结构。

④师：小朋友们猜一猜画家是个什么样的人？（幼：年龄很大的人；不爱动的人；喜欢鸟的人；爱吃白菜的人；幸福的人）

⑤师：我们想想他为什么画这幅画？（幼：觉得很有意思；他很幸运，找到一张白纸就画画了；家里养着的小八哥，跳到白菜上玩被他发现了）

教师引导重点：引导幼儿尝试解读画家的创作心境。

教师提示：鼓励幼儿发现生活中常见的一些东西中隐含的意境，体会画家对生活的深切感受。一幅画不仅仅是对事、物的单纯描绘，还有画家富有感染力的感情投入，使看画的人可以受到感动和震撼。

（二）创作过程

（1）创作引导。教师引导语：我们也用这两种不同的黑颜色来画我们最喜欢的东西吧！

①师：小朋友们一定要注意我们的墨色是不同的。

教师演示浓墨、淡墨的产生方式。引导重点：鼓励幼儿自主探索，区分墨色。

②师：我们想一想把我们要画的东西放在画面的什么地方？

引导重点：尝试把画面安排的相对合理。

③师：我们比比谁的画面最有意思？我们还可以继续来添加你们喜欢的物体。

引导重点：鼓励进行个性创作。

（2）幼儿创作，教师个别指导。

演示用墨的方法，引导幼儿发现水量与墨色之间的关系，理解浓淡干湿等变化。

（三）评价过程

（1）谁的画面上两种墨色区分得最清楚？

教师提示：引导幼儿感受墨色浓淡的不同效果。

（2）哪幅作品画的最充实？为什么？

教师提示：对初期接触国画的幼儿来说，以对墨色的感知和对国画材料运用的尝试为主。不强调具象的物体，哪怕只是线条与墨块的堆砌，只要有墨色的变化就不失为佳作。

六、教学反思

小班幼儿多数还没有开始接触国画，对国画的工具材料比较陌生，不能够正确掌握毛笔的使用方法，同时也不了解宣纸的特性，但这并不影响幼儿对国画的欣赏与理解。教师应多以欣赏为主，多让幼儿接触国画大师的作品，培养幼儿审美的情趣。

另外，因为毛笔有别于其他的绘画工具，导致孩子在使用的时候比较胆小，不敢下笔或者是长时间停顿笔触，造成宣纸的损坏。因为水墨画只能是一笔而过，不能复笔，更不能像涂色那样把图形涂出来。所以针对这个问题，在教学过程中教师要激励幼儿"大胆落笔，不要复笔，画错了也不要紧"，充分让幼儿体会毛笔的独特魅力，感受它粗笔可细用、细笔可粗用，色彩浓淡随意靠人调节。让幼儿在轻松自由的气氛中作画，再也没有拘束和顾虑，幼儿就不仅敢画，而且爱画，对绘画充满浓厚的兴趣。

七、幼儿作品展示及作品分析

幼儿作品（1）	作品分析
	幼儿对白菜、八哥的轮廓表现很细致，特别是鸟的嘴、眼睛，但是墨色的掌握欠佳，没有明显的浓淡变化。
幼儿作品（2）	作品分析
	幼儿的表现手法很熟练，能区分墨色的变化。在绘画时还主动加入了自己的想法，给八哥画上了脚，和小小的欲飞起来的翅膀。

葡萄、老鼠——齐白石

图 6-25　葡萄、老鼠

一、作品分析及欣赏定位

《葡萄、老鼠》是齐白石大师的作品，欣赏这幅作品是为了让幼儿在启蒙阶段接受中国画的熏陶。本幅作品在国画领域可属颜色比较鲜艳，色块十分明显的作品，其中两只活灵活现的小老鼠更是生动的体现，在国画领域古朴的创作风格下不失卡通韵味，让小朋友的心为之所动。幼儿对于名画的欣赏水平不低于成人，在小班阶段运用国画欣赏开拓幼儿视野，让他们了解中国文化的精髓，使幼儿喜爱国画并传承中国国粹。

二、活动目标

（1）通过欣赏画面内容，激发幼儿对国画的兴趣，感受画面的动态与情趣。
（2）引导幼儿用自己喜欢的方式表现葡萄、老鼠，体验创作活动的乐趣。

三、活动准备

经验准备：观看有关小老鼠的视频，加深对主体形象的认识，并有一定的国画绘画工具使用方法。

材料准备：生宣（加宣）、中白云、长锋、叶筋笔、墨汁、毛毡、调色盘、国画颜料、报纸、涮笔筒。

四、活动重点、难点

重点：引导幼儿欣赏国画，激发幼儿对国画的兴趣。

难点：鼓励幼儿运用不同的方法表现国画中的葡萄与老鼠。

五、活动过程

（一）欣赏作品

（1）引导幼儿观察、欣赏作品内容。

①师：小朋友们画面中有几种不一样的颜色？你们看到它们都是什么？（幼：黑色是小老鼠、粉色是葡萄、浅黑色（灰色）也是葡萄）

②师：你吃过的葡萄是什么颜色的？（幼：紫色、绿色、红色）

③师：你见过老鼠吗？它们有什么生活习惯？（幼：没有，但是我们见过笼子里的小白鼠。他们经常在吃东西）

④师：我们之前欣赏过很多水墨作品，请小朋友们来看看我们这幅作品有什么特点？（幼：有老鼠，有葡萄，葡萄颜色有深有浅）

⑤师：作家使用的墨色有独特的地方吗？还有什么不同的地方？（幼：葡萄有不一样的颜色）

（2）引导幼儿结合已有经验多方面感知作品，激发幼儿对水墨绘画的兴趣。

①师：老鼠在我们的故事里都是做什么的？他们在这些葡萄边上做什么呢？（幼：老鼠在我们的故事里是个搬运工，他们在搬葡萄，准备拿回家去吃）

②师：我们想一想老鼠都什么时候出来玩？他们的动作是什么样子的？你们来模仿一下他们的动作吧！看看谁学得最像。（幼：老鼠都是在晚上我们睡着的时候跑出来，很小心的样子）

（3）引导幼儿感受作品的内在变化。

①师：文字写在了画的什么地方？（幼：最左边）

②师：我们猜一猜画家为什么要画这幅作品？（幼：老鼠搬走了他家的葡萄；因为小老鼠可爱）

（二）创作过程

（1）引导幼儿摆放要描画的对象。

（2）鼓励幼儿进行个性化创作。

（3）探索不同的绘画方法。

（三）作品评价

感知画面的情趣，作品的完整性和画面布局的生动性。

六、教学反思

在欣赏的过程中，教师带领幼儿观察原作中老鼠调皮可爱的搬运动作，以及葡萄大面积的颜色和饱满圆润的形态，让幼儿对国画这种绘画手法产生了浓厚的兴趣，有些幼儿迫不及待地问老师葡萄是怎么画的、老鼠是怎么画的，教师在与幼儿探讨后，幼儿根据已有的经验进行创作尝试。

教师带领幼儿尝试用多种方法表现葡萄与老鼠之间生动活泼的关系，在幼儿产生兴趣后，尝试带领幼儿运用国画的绘制手法进行创作，在第一次创作过程中随着孩子的创作，我发现了一些小小的问题。如：由于使用的是国画用具，平时幼儿很少接触，用毛笔点葡萄时会出现颜色一下就晕开了很大一片，而用印章盖葡萄会损失一些国画的韵味的情况，但在与幼儿互动的过程中，有的孩子竟然用他们的小手指直接点画，虽然这样创作出的葡萄颗粒稍微有点小，但是却不失自然的韵味。很多幼儿在创作一张作品后仍意犹未尽，尝试了第二次创作，对于小班幼儿来说，跟生活有关系的人或物，很容易被他们所接受，通过老师的引导，孩子的理解想象表现出葡萄的饱满和老鼠的生动可爱。

七、幼儿作品展示及分析

幼儿作品（1）	作品分析
	幼儿可能没有见过真正的老鼠，他们把动画片中的形象结合在自己的绘画中，展现出小班孩子眼中的葡萄、老鼠。

续表

幼儿作品（2）	作品分析
	以自我为中心是小班幼儿的特点，所以他们创作的绘画，每只小老鼠都有属于自己的葡萄。
幼儿作品（3）	作品分析
	本幅作品颜色略淡，结合幼儿所述，他画的是新疆的马奶葡萄，他说马奶葡萄比较甜，小老鼠会更喜欢。
幼儿作品（4）	作品分析
	本幅作品形象生动，体现出小老鼠看到甜甜的葡萄，认真搬运的过程。

蛙戏图——齐白石

图 6-26　蛙戏图

一、作品分析及欣赏定位

《蛙戏图》是我国著名画家齐白石老先生的作品。作品中共有五只青蛙在水草边嬉戏，有的正在跳，有的则刚刚落下。动态各异，表现灵活、有趣。

小班幼儿其绘画发展水平正处于"涂鸦期"，因此对于国画的表现则更需要多方面的感知，重要的是通过欣赏国画作品激发幼儿绘画的欲望，感受国画的意境美，在尝试表现国画的过程中，感知国画的绘画工具以及绘画特点。因此《蛙戏图》的欣赏活动就定位在青蛙的动态美上，同时尝试进行水墨画的尝试。

二、活动目标

（1）感知作品中青蛙游戏的生动情景。

（2）引导幼儿在作品中表现青蛙的各种动态。

三、活动准备

材料：生宣（加宣）、中白云、长锋、墨汁、毛毡、报纸、涮笔筒。

四、活动重点、难点

重点：能够通过欣赏感知青蛙的可爱，同时愿意表现可爱的小青蛙。

难点：用水墨表现青蛙的各种动态。

五、活动过程

（一）欣赏作品

（1）引导幼儿欣赏画面内容，引导重点：引导幼儿结合生活经验欣赏作品内容。

①师：画面中画的是什么？（幼：青蛙，还有水草，树）

②师：小朋友们都见过青蛙吗？在哪里见过？（幼：在电视里见过；我在电脑里见过；在书里见过；图片上）

③师：你们知道它们小时候是什么样子的？（幼：青蛙小时候是小蝌蚪）

④师：小蝌蚪是什么样的？（幼：黑黑的、滑滑的；细尾巴，圆脑袋；蝌蚪没有手和脚）

⑤师：看一看画面中的小青蛙们在干什么呢？（幼：在玩游戏呢；它们在练习跳远，旁边的青蛙在给它们加油；它们在商量事呢）

（2）模仿青蛙的动作。引导重点：通过动作模仿，加深幼儿对青蛙形体的理解。

①师：青蛙是怎样走路的？（幼：一蹦一跳地走；会爬着走）

②师：它们喜欢生活在哪里？（幼：喜欢生活在水里，还有荷叶上，还喜欢池塘边，小路上也会有小青蛙）

③师：看一看青蛙的头和身体是什么形状的？（幼：青蛙的头掀开像个开心果，不是很圆的；身体是个椭圆形；我觉得青蛙的头和身体连起来像一个葫芦）

④师：现在我们就是小青蛙宝宝了，赶快跳一跳吧！（幼儿开心地学着小青蛙一蹦一跳的）

（3）感知国画的特点，引导重点：引导幼儿区分两种墨色——浓墨、淡墨。

①师：我们看看青蛙的颜色有什么不一样？

重点提示：看一看画中的青蛙和水草，你发现了什么？（幼：青蛙的颜色不一样，有的青蛙是黑色的，有的青蛙是灰色的；水草也是有的深有的浅）

②师：想一想我们欣赏过的哪幅作品是使用这些方法来画的？（幼：小鸡的那幅画）

③师：怎样才能让墨变得深，或变得浅呢？（教师带领幼儿进行尝试）（幼儿不是很清楚，但幼儿看得很认真）

④师：墨的浓和淡是利用什么来变化的？（幼：是水，水多了就淡了）

（4）感受画面的动态美。

①师：小青蛙的姿势是什么样的？（幼：有蹲着的，有的在跳，有的在趴着）

②师：小青蛙是在趴着吗？（幼：不是，那是小青蛙正在跳呢）

③师：小朋友们变成小青蛙，学一学小青蛙跳，我们看一看跳起来时腿是什么样的？（幼：小朋友们学小青蛙跳，孩子们发现跳时腿会伸直）

④师：看看青蛙们游戏时的动作，你觉得哪个最好看？（幼：跳起来的最好看，因为腿显得特别长；还有一个青蛙在张着嘴呢！我觉得也挺好看的）

⑤师：小青蛙在画面的什么位置？（幼：我觉得在中间又好像在下面；我觉得它们围在一起呢）

⑥师：这样在一起好看吗？（幼：我觉得挺好看的，因为它们好像在说话）

（二）创作

（1）创作引导：今天我们也用两种墨色在纸上画一些可爱的小动物吧！

鼓励幼儿大胆用笔进行书画。

①师：谁能很好地用不同的墨色最先画出可爱的小动物？

②师：我们比比哪个小朋友画出的小动物动作不一样？

③师：这些小动物怎么放在画面中才好看？

④师：想想你有没有自己的好办法来画这幅作品？

（2）引导幼儿描绘作品时注意区分墨色。

师：在画小动物时要及时更换墨的浓淡，要让小动物的身体、头、四肢等能够分辨出来。

(3) 区别描绘对象的动作形态。

幼儿在用毛笔和墨的时候，仍像使用水彩笔一样，对于毛笔一笔一笔的侧峰画出来不是很清楚，但幼儿很大胆地进行创作。

（三）作品评价

（1）欣赏画面完整、干净的作品。

（2）欣赏墨色变化较多的作品。

（3）说说你最喜欢哪些作品？原因是什么？

六、教学反思

《蛙戏图》是小班下学期进行的一次活动，画面中有很多的青蛙在池塘边嬉戏，生动有趣，作品一出现就吸引了幼儿的兴趣，因此作品的内容符合小班幼儿的年龄特点和兴趣喜好。青蛙是幼儿比较喜欢的小动物，虽然有的并未亲眼见过，但孩子们对它很熟悉，它是故事中很重要的一个角色。当看到这些可爱的小青蛙时，孩子们惊叫着："青蛙！青蛙！""你们知道青蛙小时候的样子吗？"孩子们叫嚷回答："是小蝌蚪，黑黑的，有大脑袋、细尾巴。"幼儿喜欢小青蛙，听说过很过关于小青蛙的故事，因此他们讨论的话题屡屡不停，但是有的幼儿并没有见过真正的小青蛙，这一点有些遗憾，幼儿模仿小青蛙嬉戏的样子，可爱极了。在欣赏的过程中，幼儿的亲身感知、动静结合，更符合幼儿的学习特点。通过幼儿的已有经验，帮助所有的幼儿进行总结。"那我们见过的青蛙是什么样的呢？""绿色"孩子们说。同时孩子发现这幅作品中的青蛙不是绿色的，而是黑色的。接着孩子们也发现这些青蛙有的是浅色的，有的是黑色的。此时一些经验丰富的幼儿告诉大家："这叫水墨画，使用毛笔和墨画出来的。"在欣赏过这幅作品后，当孩子们听说要用墨来画小动物，激动极了。受这幅《蛙戏图》的影响，孩子们也更爱画小青蛙了，还有的幼儿画小蝌蚪。在幼儿涂抹的过程中，孩子们发现了墨的变化，并且探索着怎样用这些墨和毛笔才不会弄破纸张。幼儿绘画的结果并不是重要的，重要的是幼儿关于水墨画的经验。

在充分观察欣赏后，幼儿都抓住了小青蛙的特点并大胆表现，胖胖的身体、伸长的腿都表现出动态的小青蛙。在表现的过程中，幼儿还发现墨与水的不同，继而表现出颜色的不同，这又大大激发了幼儿表现的欲望，创作出一幅幅生动有趣的蛙戏图。

此次欣赏活动激发了幼儿对国画创作的欲望与热情，感受到国画创作的快乐和有趣，培养了幼儿的艺术感受力和表现力，体验了成功，培养了自信，很好地完成了教学目标。

七、幼儿作品展示及分析

幼儿作品（1）	作品分析
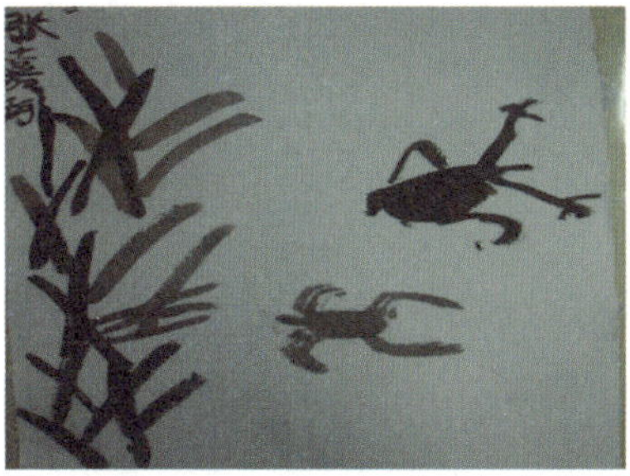	幼儿心目中的小青蛙身子圆、腿长。在绘画过程中，幼儿注意到了墨的深浅变化，能够有层次地进行表现。
幼儿作品（2）	作品分析
	胖乎乎的身体、短粗的腿，体现了幼儿的握笔特点。在绘画过程中能够正确运用墨的浓淡。

八、幼儿创作过程展示